ERSTE AUSGABE - Veröffentlicht 2022

Extra Grafikmaterial von: www.freepik.com
Dank an: Alekksall, Starline, Pch.vector, Rawpixel.com, Vectorpocket, Dgim-studio, Upklyak, Macrovector, Stockgiu, Pikisuperstar & Freepik.com Designers

Kostenlose Online-Spiele Entdecken

Hier Erhältlich:

BestActivityBooks.com/FREEGAMES

5 TIPPS FÜR DEN ANFANG!

1) LÖSUNG DER RÄTSEL

Die Puzzles haben ein klassisches Format :

- Die Wörter sind ohne Abstand, Bindetrich usw… versteckt
- Richtung : vor-& rückwärts, auf & ab oder in der Diagonale (beider Richtungen)
- Die Wörter können übereinanderliegen oder sich kreuzen

2) AKTIVES LERNEN

Neben jedem Wort ist ein Abstand vorgesehen zum Aufschreiben der Übersetzung. Um ihre Kenntnisse zu überprüfen und zu erweitern befindet sich am Ende des Buches ein **WÖRTERBUCH**. Suchen sie die Übersetzungen, schreiben sie sie auf, dann können sie sie in den. Puzzles suchen und ihrem Wortschatz hinzufügen.

3) ANZEICHNUNG DER WÖRTER

Haben sie schon einmal versucht eine Anzeichnung zu verwenden? Sie könnten zum Beispiel die Wörter, die schwer zu finden sind, ankreuzen, die Wörter, die sie lieben, mit einem Stern, neue Wörter mit einem Dreieck, seltene Wörter mit einem Diamant usw … anzeichnen

4) IHR LERNEN ORGANISIEREN

Am Ende dieser Ausgabe bieten wir auch ein praktisches **NOTIZBUCH** an. Ob im Urlaub, auf Reisen oder zu Hause, sie können ihr neues Wissen ganz einfach organisieren, ohne ein zweites Notizbuch zu benötigen!

5) SIND SIE AM SCHLUSS ?

Gehen sie zum Bonusbereich : **MONSTER-HERAUSFÖRDERUNG,** um ein kostenloses Spiel zu finden, das am Ende dieser Ausgabe angeboten wird !

Lust auf mehr Spaß und **Lernaktivitäten? Schnell und einfach :** eine ganze Spielbuchsammlung mit einem einzigen Klick erhaltbar :

Mit diesem Link finden sie ihre nächste Herausforderung :

BestActivityBooks.com/MeineNachsteWortsuche

Achtung, fertig, ... Los !!

Wussten sie, dass es auf der Welt ungefähr 7.000 verschiedene Sprachen gibt ? Wörter sind kostbar.

Wie lieben Sprachen und haben schwer daran gearbeitet, die Bücher von höchster Qualität für sie zu entwerfen. Unsere Zutaten ?

Eine Auswahl von angepassten Lernthemen, drei große Scheiben Spaß, dann fügen wir einen Löffel schwieriger Wörter und eine Prise seltener Wörter hinzu. Wir servieren sie mit Sorgfalt und ein Maximum an Freude, damit sie die besten Wortspiele lösen und Spaß am Lernen haben.

Ihre Meinung ist wichtig. Sie können aktiv zum Erfolg dieses Buches beitragen, indem sie uns eine Bemerkung hinterlassen. Sagen sie uns, was ihnen an dieser Ausgabe am besten gefallen hat !!

Hier ist ein kurzer Link, der sie zu ihrer Bewertungsseite führt

BestBooksActivity.com/Rezension50

Vielen Dank für ihre Hilfe und viel Spaß

Linguas Classics

1 - Gesundheit und Wellness #2

```
Д Я З Д Р А В Й К Б Ш Щ Е Б
Н И М А Т И В Ж А С А М Н Ж
Б М Е Я А Ц И Н Л О Б О Е А
Ь О О Т Р О П С О У Н У Р П
Г Т Л Ь А Я Т В Р Х С Ф Г Е
Р А Г Е В О К С И Р П Б И Т
В Н Е П С Н Ь Е Я Ю Я Ц Я И
Ш А Т Б Е Т А Л Е Р Г И Я Т
Е Н Н Ф Р А К И Т Е Н Е Г П
Щ Е Н Г Т Х А Р Г Н П Й Г М
Х И М Т С Д У К Ъ В Т Б Б Г
К Г У Ю Я Ф Ь М П В В Д Щ Й
Я И Ц К Е Ф Н И Й И Ф Ф И П
П Х Т Ц Щ Ч Н Ж У Я Н М П Щ
```

АЛЕРГИЯ	ИНФЕКЦИЯ
АНАТОМИЯ	КАЛОРИЯ
АПЕТИТ	БОЛНИЦА
КРЪВ	БОЛЕСТ
ДИЕТА	МАСАЖ
ЕНЕРГИЯ	РИСКОВЕ
ГЕНЕТИКА	СПЯ
ЗДРАВ	СПОРТ
ТЕГЛО	СТРЕС
ХИГИЕНА	ВИТАМИН

2 - Ozean

```
Ч Ф П К Й С О О Р Ц В Д Ж О
А Я Р У Б К В Б К А Л У К А
К Щ И Т Д А Б Ъ Г Т К Б Р Я
О А Л Т Щ Р Ю Е П Б О Ч Ь И
Р Я И Е Ф И Р Т О Н Ж П Ъ Ъ
А Ъ В Ф Д Д М Е Д У З А О Ц
Л Д И Х Ж И Г Р Ц А Т Ь Й Д
Л С И С К О С Т Е Н У Р К А
О О Ч Р Ч М Ъ В Д Ю Ш Щ Ч К
Д Л Т К Т Ж Я Ъ Ж В Б Т Н Р
К Ж И И М С Б Л Р И Б А Р О
А Д Д Т Ц Ч Й Н Ф П Г Ч П И
А Б О Ц Т Ж И М Г И Ю Ч М
Д Е Л Ф И Н Ш М Ь Ф Ш М И З
```

ЗМИОРКА	ОКТОПОД
СТРИДА	МЕДУЗА
ЛОДКА	РИФ
ДЕЛФИН	СОЛ
РИБА	КОСТЕНУРКА
СКАРИДИ	ГЪБА
ПРИЛИВИ	БУРЯ
АКУЛА	ТОН
КОРАЛ	КИТ
РАК	ВЪЛНИ

3 - Meditation

```
Д  Х  Ъ  К  Й  Т  М  У  Я  С  Н  О  Т  А
Д  А  Й  И  Р  И  М  У  Т  С  Ю  Л  П  В
С  В  Е  Й  Ш  Ш  Л  У  З  У  Й  Д  П  П
П  И  И  Ъ  Ч  И  Я  Ч  И  И  Ц  Н  Д  Р
О  Т  Н  Ж  С  Н  Ш  Е  Н  М  К  В  И  И
К  К  А  Р  Е  А  Я  Н  М  Ч  Д  А  Ш  Р
О  Е  М  Д  И  Н  У  И  Б  И  И  Т  А  О
Е  П  И  Я  Т  С  И  Я  П  А  С  Ц  Н  Д
Н  С  Н  И  С  П  Н  Е  Д  У  Б  Л  Е  А
Р  Р  В  К  А  Т  О  Р  Б  О  Д  К  И  Я
С  Е  Р  Х  Щ  У  М  С  Т  В  Е  Н  Ч  Т
М  П  С  Ъ  С  Т  Р  А  Д  А  Н  И  Е  Щ
П  Р  И  Е  М  А  Н  Е  У  Ю  Щ  Ц  Н  Х
К  Б  Л  А  Г  О  Д  А  Р  Н  О  С  Т  С
```

ПРИЕМАНЕ	ЯСНОТА
ДИШАНЕ	УЧЕНИЯ
ВНИМАНИЕ	СЪСТРАДАНИЕ
ДВИЖЕНИЕ	МУЗИКА
БЛАГОДАРНОСТ	ПРИРОДА
ДОБРОТА	ПЕРСПЕКТИВА
МИР	СПОКОЕН
МИСЛИ	ТИШИНА
УМСТВЕН	УМ
ЩАСТИЕ	БУДЕН

4 - Archäologie

```
Г Г У Р П О Н И М М Х Ш Н К
Р Ч Ъ Е Р Б Е З И И Щ Р Ж К
О Б Р Л О Е И С С Н Г Д А Ъ
Б Я Ь И Ф К З Л Т Е Р Р Ч М
О И А К Е Т В Е Е Р С Е Ч О
П Ц Н В С И Е Д Р А Н В Н Т
Ъ А Е А О К С О И Л О Н Е О
Р З В Н Р И Т В Я Х Т О К П
Г И А А К Щ Е А О С Б С С И
Я Л Р Я Н А Н Т Е Щ О Т П О
П И Б Л Л А Н Е В Е Р Д Е Ч
Л В А Я Г С Л Л Х Я К Ч Р Ф
Ч И З Е Р А Е И Т С О К Т Ю
Б Ц Г А О С К Г З Т Ш Щ Н Ж
```

АНАЛИЗ	ОТБОР
ДРЕВНОСТ	ПОТОМЪК
ОЦЕНКА	ОБЕКТИ
ЕРА	ПРОФЕСОР
ЕКСПЕРТ	РЕЛИКВА
ИЗСЛЕДОВАТЕЛ	ХРАМ
МИНЕРАЛ	НЕИЗВЕСТЕН
МИСТЕРИЯ	ДРЕВЕН
ГРОБ	ЗАБРАВЕНА
КОСТИ	ЦИВИЛИЗАЦИЯ

5 - Insekten

В	Ю	Б	Ч	Щ	Ф	Ю	В	Ж	Я	С	В	Б	С
К	О	А	Ф	Р	О	Щ	Ш	Ъ	Т	П	Г	Ъ	К
О	В	Д	О	Р	Б	Г	Н	Г	Ш	А	Г	Л	А
М	П	А	Н	Р	П	Ь	Й	Ю	Ч	К	А	Х	К
А	А	К	Л	О	М	О	Г	О	Б	Н	А	А	А
Р	Б	И	А	О	К	К	И	У	У	И	У	М	Л
Л	Р	Ц	Щ	Й	Р	О	О	Х	В	Л	Х	Р	Е
А	Ъ	П	Ч	Е	Л	А	Н	О	С	А	Л	А	Ц
Р	М	Р	М	В	Й	О	Щ	Ч	Ц	К	Е	В	Т
В	Б	Ь	Е	Р	С	Т	М	С	Е	У	Б	К	Е
А	А	А	П	Е	Ц	Ъ	О	Т	Л	Б	А	А	Р
Ш	Р	Л	Л	Ч	Г	У	Ь	Ю	О	Ж	Р	Ь	М
Р	П	Е	П	Е	Р	У	Д	А	М	Я	К	О	И
К	Т	С	Т	Ъ	Р	Ш	Е	Л	Ф	Ю	А	Е	Т

МРАВКА
ПЧЕЛА
ВЪШКА
БЪЛХА
БОГОМОЛКА
СКАКАЛЕЦ
СТЪРШЕЛ
ХЛЕБАРКА
БРЪМБАР
ЛАРВА

ВОДНО КОНЧЕ
КАЛИНКА
МОЛЕЦ
КОМАР
ПЕПЕРУДА
ТЕРМИТ
ОСА
ЧЕРВЕЙ
ЦИКАДА

6 - Gesundheit und Wellness #1

```
К Н Х Ч Я А Ъ Я А И А П В А
Д О Ф К Л И Н И К А Ф Б Ь Р
Ш М С Ъ А В П Д Я М Ш Ч Х У
Б Е У Т М Р О А К Е Т П А Т
М Д Г Ъ И Е Е Л Р Н А В И К
Е И Ш Л Н Н Ж Г А Е Г И Ч А
Д Ц Ф Е К О Ж А К В Т Ь Л Р
И И Р Ч М В М Ц Е Р И Я Т Ф
Ц Н Ъ Е С П А Т Л Е У Р Ъ П
И А Ъ Н Е Ю Х Б Т Ф М Ь У С
Н Ъ Я И Ц А С К А Л Е Р Ш С
С Щ Н Е В И Т К А Е Д М Т О
К Б А К Т Е Р И И К Й М Ш Е
И В И С О Ч И Н А С Ь О Р Ъ
```

АКТИВЕН	ГЛАД
АПТЕКА	КЛИНИКА
ЛЕКАР	КОСТИ
БАКТЕРИИ	МЕДИЦИНА
ЛЕЧЕНИЕ	МЕДИЦИНСКИ
РЕЛАКСАЦИЯ	НЕРВИ
ФРАКТУРА	РЕФЛЕКС
НАВИК	ТЕРАПИЯ
КОЖА	ВИРУС
ВИСОЧИНА	

7 - Obst

Б	К	А	К	К	А	Й	Щ	Б	Л	И	М	О	Н
Е	А	В	О	Ж	Ъ	Е	А	С	А	Н	А	Н	А
Р	Й	О	К	Н	Х	П	В	Е	Ж	Н	А	Р	О
И	С	К	О	Т	Е	Ш	И	Т	Ч	И	А	П	П
Т	И	А	С	Ю	Ш	К	Ъ	Н	Ж	Г	К	Н	М
У	Я	Д	О	Ь	Х	А	Т	Х	А	Х	Л	Ъ	А
Л	Ж	О	В	К	И	В	И	А	С	А	Ъ	Ь	Л
Г	У	Ф	О	П	А	П	А	Я	Р	Ч	Б	П	И
Е	С	Ш	Р	Ф	В	А	Ч	Й	М	И	Я	Ъ	Н
Ч	И	Й	Е	П	И	Щ	Х	Д	Д	С	Н	П	А
Б	Ч	А	Х	Т	Л	Ч	Е	Р	Е	Ш	А	Е	И
К	Р	У	Ш	А	С	Г	Р	О	З	Д	Е	Ш	Ш
С	С	П	Р	А	С	К	О	В	А	К	Р	Л	Ж
Ш	Ь	В	Б	Г	Х	В	Р	Ь	Щ	Х	Щ	Я	У

АНАНАС	КИВИ
ЯБЪЛКА	КОКОСОВ ОРЕХ
КАЙСИЯ	ПЪПЕШ
АВОКАДО	НЕКТАРИН
БАНАН	ОРАНЖЕВ
БЕРИ	ПАПАЯ
КРУША	ПРАСКОВА
КЪПИНА	СЛИВА
МАЛИНА	ГРОЗДЕ
ЧЕРЕША	ЛИМОН

8 - Universum

Д	Ф	Ш	В	Щ	Б	Ч	М	Ш	Ю	Ь	Е	А	А
Ъ	Щ	И	К	С	Е	Ч	И	М	С	О	К	Р	С
Л	М	Р	А	С	Т	Р	О	Н	О	М	М	Е	Т
Ж	М	И	Д	И	В	Ъ	Щ	Д	Щ	Б	К	Ф	Р
И	Е	Н	Е	О	Т	С	Е	Ц	Н	Ъ	Л	С	О
Н	Д	А	Н	И	М	Ъ	Т	Т	Г	Н	О	Н	
А	И	Ь	Е	Ь	Щ	Ц	Ъ	Н	Е	А	Е	М	О
П	О	Л	У	К	Ъ	Л	Б	О	Л	Л	Б	Т	М
Н	Р	З	О	В	Х	Х	Ш	З	Е	А	Е	А	И
Е	Е	Щ	О	Р	Ц	Ц	Л	И	С	К	С	Н	Я
Б	Т	М	Т	Д	Б	Ц	Ъ	Р	К	Т	Е	У	Б
Е	С	Б	М	А	И	И	У	О	О	И	Н	Л	Щ
О	А	Д	О	Е	Ъ	А	Т	Х	П	К	Ш	П	И
Е	К	В	А	Т	О	Р	К	А	Й	А	Й	Ч	

АСТЕРОИД	НЕБЕСЕН
АСТРОНОМ	ХОРИЗОНТ
АСТРОНОМИЯ	КОСМИЧЕСКИ
АТМОСФЕРА	ДЪЛЖИНА
ЕКВАТОР	ЛУНА
ШИРИНА	ОРБИТА
ТЪМНИНА	ВИДИМ
ГАЛАКТИКА	СЛЪНЦЕСТОЕНЕ
ПОЛУКЪЛБО	ТЕЛЕСКОП
НЕБЕ	ЗОДИАК

9 - Camping

```
О Ъ Ф И Х Ш Я И Н Ц Е Л Р Ж
Т Ь Ь Ж А К П А Ш Х С У С Н
Й С А П М О К К С В К Н Л П
Ъ Ь Ч Н А Й О Г Ъ Н Ъ А О Л
Г Ж Й Ц К П Г И Р С А Ж В А
З А Б А В Л Е Н И Е Д И Е Н
У Г П А Л А Т К А Щ О К Г И
Г О О М У Ж Ф Е Н Е Р А П Н
Ф М Ъ Р Н Й И О Й У И Б Т А
П Щ Й Я А Н Ш В У Ъ Р И Е О
Н А С Е К О М О О М П Н И О
Е З Е Р О Ш Я Ц А Т Р А К Ъ
В Ч Р Т В Ч Е Щ Щ Т Н А Ч Д
П Р И К Л Ю Ч Е Н И Е И К Л
```

ПРИКЛЮЧЕНИЕ	КОМПАС
ПЛАНИНА	ФЕНЕР
ОГЪН	ЛУНА
ХАМАК	ПРИРОДА
ШАПКА	ЕЗЕРО
НАСЕКОМО	ВЪЖЕ
ЛОВ	ЗАБАВЛЕНИЕ
КАБИНА	ЖИВОТНИ
КАНУ	ГОРА
КАРТА	ПАЛАТКА

10 - Zeit

```
Ю  С  Д  Е  С  Е  Т  И  Л  Е  Т  И  Е  С
О  Е  К  К  Ю  Б  Д  Я  Б  Ю  Ш  У  Е  У
Р  Г  Ю  У  Ф  Р  Ъ  К  Ъ  Я  К  Ч  Ц  Т
Ч  А  Р  Е  Ч  В  Ь  Ь  Д  Р  К  Р  Ф  Р
Р  А  Д  Н  Е  Л  А  К  Е  Б  Г  Ц  Ж  И
Ш  Н  С  Д  М  Е  Ф  Ь  Щ  Ъ  И  Ь  Н  Н
С  И  Н  О  Ю  И  Д  Г  Е  А  Ш  В  Е  К
Е  Д  Н  Н  В  Ч  Н  П  Ю  И  О  Ф  Д  Н
Д  О  Б  Я  Д  Н  Б  У  Ъ  Ъ  Р  П  Н  Ц
М  Г  Ч  Ж  П  И  И  Н  Т  М  Д  Ъ  Е  Б
И  Ю  А  Л  Н  Д  А  К  Д  А  Е  Ш  С  Я
Ц  Н  С  Х  О  П  Р  Е  Д  И  Л  С  Я  Я
А  Р  Л  Н  Щ  П  Ь  Т  А  С  С  Б  Е  Е
Г  О  Д  И  Ш  Е  Н  Х  Г  А  У  Ч  Д  Ц
```

ВЧЕРА	МЕСЕЦ
ДНЕС	СУТРИН
ГОДИНА	СЛЕД
ВЕК	НОЩ
ДЕСЕТИЛЕТИЕ	ЧАС
ГОДИШЕН	ДЕН
СЕГА	ЧАСОВНИК
КАЛЕНДАР	ПРЕДИ
МИНУТА	СЕДМИЦА
ОБЯД	БЪДЕЩЕ

11 - Säugetiere

```
Ь Щ Ш Е Щ Е Е М Ш О П Ч П Ь
П А Н Т Е Р А А Ъ Е К Л Ъ И
Ч Ж Ю Н Ф Л Ъ Й Щ Ч Ъ Б Ъ Г
О В Ц А М Ш Ю М Ж Ч У И Ю Х
Н Т Т Е Ч Ю Е У Ш Р У К Е Л
О Ч Р Х У У Я Н Б С К Я О Й
Ф Л А М Х Б О А Б Й В Ъ Л К
Е Ч У К О Й О Т О Е С Ф Ю Д
Ж И Р А Ф Б О Б Ъ Р Ъ Г И Т
Й Ю У К Ц С Б С Ш С Н Л З Х
К Ю Г Ч Т И Д Ъ Л Л Ъ В Е Й
И Ж Н Е Ш Н С У Е О Ю Д Б Ъ
Т Я Е М Г О Р И Л А Н Я Р Ц
Й Щ К Е Е К В Г Л У Ю Ж А А
```

МАЙМУНА	ЛЪВ
МЕЧКА	ПАНТЕРА
БОБЪР	КОН
СЛОН	ПЛЪХ
ЛИСИЦА	ОВЦА
ЖИРАФ	БИК
ГОРИЛА	ТИГЪР
КУЧЕ	КИТ
КЕНГУРУ	ВЪЛК
КОЙОТ	ЗЕБРА

12 - Algebra

У	Р	А	В	Н	Е	Н	И	Е	Ь	Л	М	М	О
Ю	Л	И	Ь	Л	М	Н	Е	А	Р	К	З	Е	Б
Ф	И	П	Р	О	М	Е	Н	Л	И	В	У	Я	С
А	Н	Х	О	Е	Е	Е	А	У	С	Щ	П	Ц	А
Л	Е	Ь	Т	Ь	О	Р	Л	Н	С	А	Ь	Г	С
Ш	Е	Ш	К	Е	Ш	Ь	У	Б	С	Ц	Д	Р	Т
И	Н	Ш	А	Д	Ш	П	М	М	О	И	Е	А	Е
В	Ъ	В	Ф	Ш	Е	Ц	Р	Т	Ъ	Р	Щ	Ф	П
Ф	Р	А	К	Ц	И	Я	О	К	Ч	Т	П	И	Е
С	О	Ю	Ч	Ц	Н	Д	Ф	Н	Ж	А	Ш	К	Н
Ь	У	Л	С	Х	Е	Ь	Ь	Ц	О	М	Щ	А	Ч
П	А	М	А	П	Ш	Ш	С	В	Ш	М	Х	Й	Щ
Л	И	Ф	А	Ш	Е	Я	Щ	С	У	Н	Е	Д	И
О	Ъ	А	М	А	Р	Г	А	И	Д	Д	Е	Р	Т

ФРАКЦИЯ
ДИАГРАМА
СТЕПЕН
ФАКТОР
ФАЛШИВ
ФОРМУЛА
УРАВНЕНИЕ
ГРАФИКА
ЛИНЕЕН

РЕШЕНИЕ
МАТРИЦА
НУЛА
НОМЕР
ПРОБЛЕМ
СУМА
БЕЗКРАЕН
ПРОМЕНЛИВ

13 - Diplomatie

```
С И Г У Р Н О С Т Й Г Ч Щ Ш
Х У М А Н И Т А Р Е Н У П П
О В Т С Л О С О П Ъ И Ж Ь Р
Г Б Ь Ч Б Т Е Т И К А Д Я А
Ш Ш Щ Д И С К У С И Я Е В В
Ч Е И Н Е Ш Е Р Т Я Щ С Г И
С Ф П Н О Я О Д К Л Щ Т Р Т
Ц Ч Р Ш Щ С И Ц И З Е Р А Е
Я Л Ь А К И Т И Л О П А Ж Л
П О С Л А Н И К Ф Ъ У Н Д С
Ц Я Л О С Т Ъ Л Н Б Щ Е А Т
Д О Г О В О Р Ч О Х У Н Н В
С Ъ Ю З Н И К Я К М Ъ Ю И О
С Ъ В Е Т Н И К Х Я Ю О Т Ъ
```

ЧУЖДЕСТРАНЕН	ЦЯЛОСТ
СЪВЕТНИК	КОНФЛИКТ
ПОСОЛСТВО	РЕШЕНИЕ
ПОСЛАНИК	ПОЛИТИКА
ГРАЖДАНИ	ПРАВИТЕЛСТВО
ДИСКУСИЯ	СИГУРНОСТ
ЕТИКА	ЕЗИЦИ
ОБЩНОСТ	СЪЮЗНИК
ХУМАНИТАРЕН	ДОГОВОР

14 - Astronomie

А	Б	Л	С	В	Р	Ъ	Х	Н	О	В	А	Л	Т
Н	С	А	У	А	Н	Е	Л	Е	С	В	Щ	Я	Е
У	Ю	Т	И	Д	Д	Е	Т	Г	Ш	Х	И	И	Л
Л	Ж	Ц	Р	И	Х	Д	Б	Ж	И	Ф	Х	Р	Е
М	Е	Е	П	О	Ш	В	М	Е	Ц	М	Ю	О	С
Ъ	И	А	Д	Р	Н	З	В	Е	З	Д	А	Т	К
Г	Д	З	С	Е	В	О	Р	А	К	Е	Т	А	О
Л	З	Е	Ф	Т	П	Ж	М	Г	А	К	Е	В	П
Я	Е	М	Ж	С	Р	Ъ	Ф	К	И	О	Н	Р	Я
В	В	Я	В	А	Р	О	Г	Щ	Д	С	А	Е	Ю
И	З	Щ	Ъ	Р	Б	Х	Н	К	О	М	Л	С	А
Н	Ъ	М	Е	Т	Е	О	Р	А	З	О	П	Б	С
А	С	А	Т	Е	Л	И	Т	Е	В	С	Ж	О	Ц
Ъ	Л	Е	Б	К	О	М	Е	Т	А	Т	П	Й	Е

АСТЕРОИД	МЪГЛЯВИНА
АСТРОНАВТ	ОБСЕРВАТОРИЯ
АСТРОНОМ	ПЛАНЕТА
ЗЕМЯ	РАКЕТА
НЕБЕ	САТЕЛИТ
КОМЕТА	ЗВЕЗДА
СЪЗВЕЗДИЕ	СВРЪХНОВА
КОСМОС	ТЕЛЕСКОП
МЕТЕОР	ЗОДИАК
ЛУНА	ВСЕЛЕНА

15 - Ballett

Е	А	К	И	З	У	М	Д	И	Т	Б	Х	У	Х
Ф	И	Р	О	Ь	Ц	Н	А	Т	Е	А	П	И	О
А	Ь	Е	Ь	М	У	С	Й	Н	Т	Л	Р	З	Р
Е	Г	Л	Щ	Т	П	Ю	М	Е	И	Е	А	Р	Е
Т	Б	И	Ю	Ь	Ц	О	Ж	М	З	Р	К	А	О
И	Я	М	Х	Х	У	Ъ	З	С	Н	И	Т	З	Г
Л	Ъ	Р	С	Л	Б	Ж	Т	И	Е	Н	И	И	Р
У	А	К	И	Л	Б	У	П	Д	Т	А	К	Т	А
К	Ю	Ж	Г	Т	В	Л	Ч	О	Н	О	А	Е	Ф
С	Ъ	У	Е	У	Ъ	М	Ж	Л	И	С	Р	Л	И
У	О	Щ	А	Б	В	М	Е	П	Ч	Я	Ш	Е	Я
М	Й	Л	И	Т	С	Г	С	А	Н	С	Р	Н	Л
Н	П	У	О	Г	Д	Г	Т	У	М	Е	Н	И	Е
Р	Е	П	Е	Т	И	Ц	И	Я	Ч	Щ	В	Ъ	Т

АПЛОДИСМЕНТИ
ИЗРАЗИТЕЛЕН
БАЛЕРИНА
ХОРЕОГРАФИЯ
УМЕНИЕ
ЖЕСТ
ИНТЕНЗИТЕТ
КОМПОЗИТОР
МУЗИКА

МУСКУЛИТЕ
ПРАКТИКА
РЕПЕТИЦИЯ
ПУБЛИКА
РИТЪМ
СОЛО
СТИЛ
ТАНЦЬОРИ

16 - Geologie

```
Г В М Ю Л А Р О К П Ж О Л Р
Е У И Й А Ц Й У К Д Л Т Ж О
Й Л Н Т В К В А Р Ц Н А М К
З К Е Ж А А Н Я Е Ф Ф Ж Т Д
Е А Р С Т А Л А Г М И Т И О
Р Н А Р А З Т О П Е Н Л М У
И Ш Л К А М Ъ К С П Ц Ж И В
З Е М Е Т Р Е С Е Н И Е Н П
У Ф З Ъ Й П П Й Е А Ш Ш Е Е
М Х О У И Е Р О З И Я Е Р Щ
И Х Н Ч Ц О Ф Ц И У П Ш А Е
Ж Е А Ю Л И М И В В Д Р Л Р
Т И Т К А Л А Т С Я П Е И А
Щ И Г Й К И С Е Л И Н А Е С
```

ЗЕМЕТРЕСЕНИЕ	ПЛАТО
ЕРОЗИЯ	КВАРЦ
МИНЕРАЛ	СОЛ
РАЗТОПЕН	КИСЕЛИНА
ГЕЙЗЕР	СТАЛАГМИТИ
ПЕЩЕРА	СТАЛАКТИТ
КАЛЦИЙ	КАМЪК
КОРАЛ	ВУЛКАН
ЛАВА	ЗОНА
МИНЕРАЛИ	

17 - Wissenschaft

```
Ъ Х И П О Т Е З А Г Ц Я О У
Я Е К С П Е Р И М Е Н Т Р Ч
И М И Н Е Р А Л И Г С Ф Г Е
Р А Х И М И Ч Е С К И И А Н
О О Т И Б Д Ф В В И Л З Н Р
Т Ш Ь Ц Ц Ъ П А П Б У И И С
А Л Г И Е Ш Я Р К Ф К К З К
Р А С Т Е Н И Я И Т Е А Ъ Л
О Р Р С П Я Ц Н С Р Л Ч М И
Б Е П А С П Ю Ъ Н Ъ О Ц С М
А Н Р Ч Ъ В Л Д Р А М Д Ж А
Л И А Т О М О Е Х У Д Ж А Т
Т М Ч Й Б П В М Е Т О Д Ф Л
Н Ь Я В В Ж Е О Б Д Ч Л А Ъ
```

АТОМ	МИНЕРАЛИ
ХИМИЧЕСКИ	МОЛЕКУЛИ
ДАННИ	ПРИРОДА
ЕВОЛЮЦИЯ	ОРГАНИЗЪМ
ЕКСПЕРИМЕНТ	ЧАСТИЦИ
МИНЕРАЛ	РАСТЕНИЯ
ХИПОТЕЗА	ФИЗИКА
КЛИМАТ	ФАКТ
ЛАБОРАТОРИЯ	УЧЕН
МЕТОД	

18 - Bildende Kunst

```
Г  Я  П  Х  В  И  Л  О  М  Л  И  Ф  Т  Г
С  С  О  Л  У  О  Л  А  К  Ч  С  П  В  А
Ъ  Т  Р  Ц  Б  Д  С  В  Ш  О  Ъ  Е  О  Д
А  А  Т  Ц  А  А  О  Ъ  Н  Ъ  С  Р  Р  С
Р  Т  Р  Т  Л  Б  Й  Ж  К  К  Т  С  Ч  К
У  И  Е  М  Ъ  О  И  И  Н  С  А  П  Е  У
Т  В  Т  Д  Р  Ъ  Ж  К  А  И  В  Е  С  Л
К  Е  Г  Г  Л  И  Н  А  К  П  К  К  Т  П
Е  Р  Б  У  Я  М  В  С  И  О  Й  Т  В  Т
Т  К  О  Е  Г  М  М  Н  М  В  Ц  И  О  У
И  Н  М  К  Ш  Е  С  И  А  И  С  В  А  Р
Х  С  Я  Х  У  И  А  М  Р  Ж  О  А  Ч  А
Р  Р  О  Х  М  Л  Р  К  Е  Й  Х  О  Н  Ь
А  Ш  А  Б  Л  О  Н  А  К  Ъ  Ч  П  А  К
```

АРХИТЕКТУРА	ПЕРСПЕКТИВА
МОЛИВ	ПОРТРЕТ
ФИЛМ	ШАБЛОН
СНИМКА	СКУЛПТУРА
ЖИВОПИС	СТАТИВ
КЕРАМИКА	ДРЪЖКА
ТВОРЧЕСТВО	ГЛИНА
ТЕБЕШИР	ВОСЪК
ХУДОЖНИК	СЪСТАВ
ЛАК	

19 - Mythologie

```
О Щ К Я О Т У Н О В М Е Е К
Л Т Н И Р И Б А Л Б О Щ Я У
Е С М Д О К Ь В М Е Т И И Л
Г Д Ъ Ъ О Б Д О Д Д Ж В Н Т
Е Л Ю З Щ Ь Л А И С Д О Л У
Н Ф Ф Й Д Е М И Р Т Д Д Ъ Р
Д Ц Н О Ш А Н Т Б В Н У М А
А П Г Р Ъ М В И Г И Е Ч У Л
А Р Х Е Т И П А Е Е Ц К У И
О П К Г У К Е И Н А Д З Ъ С
Н Е Б Е Т О Ф К Ч Е А Ъ У А
Р Е В Н О С Т Л Ю Е Т И Щ Ц
С М Ъ Р Т Е Н С Ъ В Х Ъ П Г
Е Л Ъ М А Г И Ч Е С К И Б К
```

АРХЕТИП	ВОИН
МЪЛНИЯ	КУЛТУРА
ГРЪМ	ЛАБИРИНТ
РЕВНОСТ	ЛЕГЕНДА
ГЕРОЙ	МАГИЧЕСКИ
НЕБЕТО	ЧУДОВИЩЕ
БЕДСТВИЕ	ОТМЪЩЕНИЕ
СЪЗДАВАНЕ	СИЛА
СЪЗДАНИЕ	СМЪРТЕН

20 - Kraft und Schwerkraft

```
Ц Р Г М О К Ъ К Х Ш Ь Л О М
Е Д А Ь Ч Т С О Р О К С Р А
Н И К З К Р К Ь И Л О О Б Г
Т Н И Е Ш Ю Н Р С Г Ш С И Н
Ъ А Н И Ю И У И И Е Ю Р Т Е
Р М А Н М Ш Р Н Ч Т О И А Т
П И Х Я Т О Щ Я Е Ш И Н Й И
Л Ч Е О М Ю Т Ю В А Е Е Ю З
А Е М Т Е Н П И Б А Ю Е М Ъ
Н Н И С Ц В У К А А Н Н Л М
Е Х М З Ч Д У С Р Б Б Е П И
Т О К А Й Б О Т Ф И З И К А
И М Н Р Д Л К Б Ш Щ Ч Р Г Ц
У Н И В Е Р С А Л Е Н Т Ж А
```

РАЗСТОЯНИЕ	ТЕГЛО
ОС	МАГНЕТИЗЪМ
ЦЕНТЪР	МЕХАНИКА
ДИНАМИЧЕН	ОРБИТА
ИМОТИ	ФИЗИКА
ОТКРИТИЕ	ПЛАНЕТИ
РАЗШИРЯВАНЕ	ТРИЕНЕ
СКОРОСТ	УНИВЕРСАЛЕН

21 - Restaurant #2

```
С Т О Л П С Ф Ц И Я Й Ц М Л
О Р Й С С О А К Т И П А Н Ъ
Б И Ю У Ч Е Д Л Ч Т Б Ц Ш Ж
Я Б Ф П П Ь Р П А Ф Н Й О И
Д А К А С Е М В Р Т П Я Ш Ц
О Д А Ь Н О Л И И А А Г Г А
К О Л Н Ц В Р Ъ П Т В Р Ф Щ
Х В Л Е Ш И Д Б Ж Р Ь К Н К
Е В О Д О Л П Ю М О О О И П
С О Л Л Г И У Т Я Т Ю Г Р В
У П И Ь Ь Ц В К У С Е Н Ж Ч
Я Р Ж В Г А О Р Ж Ч М Ь Л А
В Е Ч Е Р Я Г А О Р Н Й Е К
З Е Л Е Н Ч У Ц И Р О Ж Д Й
```

ВЕЧЕРЯ	ВКУСЕН
ЯЙЦА	ТОРТА
ЛЕД	ЛЪЖИЦА
РИБА	ОБЯД
ПЛОДОВЕ	ЮФКА
ВИЛИЦА	САЛАТА
ЗЕЛЕНЧУЦИ	СОЛ
НАПИТКА	СТОЛ
ПОДПРАВКИ	СУПА
СЕРВИТЬОР	ВОДА

22 - Ökologie

```
Ц Б О К П О Ф Ю В О Р Х К Г
Б Г Ф Л У Р Ц Ш И Ч Д Ц Ъ Л
Д Ч Г И Ж У И Е Д Н И Ж В О
О Л Х М Е Я Д Р Л Н Д В Н Б
П Б Ш А Ь И Ь С О Я Т И Н А
Р К Щ Т В Н Н Т Е Д В Д С Л
Н Г Г Н Ъ Е Ч Х Е И Е А С Е
В И Ч Й О Т С У Р Ч Д Н Н Н
М Т Б Ъ Ж С Б Л А Т О Е Ж Е
О Ф А У Н А Т Ф Л О Р А Р О
Р Ц Ъ Ч Б Р Д И Н И Н А Л П
С П Р И Р О Д А Л Т Х Ш У Л
К Р Р Е С У Р С И Б Х У Ш Х
И Ц Л О В О Р Б О Д У С Б П
```

ВИД	МОРСКИ
ПЛАНИНИ	УСТОЙЧИВ
СУША	ПРИРОДА
ФАУНА	ПРИРОДЕН
ФЛОРА	РАСТЕНИЯ
ДОБРОВОЛЦИ	РЕСУРСИ
ОБЩНОСТИ	БЛАТО
ГЛОБАЛЕН	ОЦЕЛЯВАНЕ
КЛИМАТ	

23 - Schokolade

Р	А	Х	А	З	А	Р	О	М	А	Т	Ю	Щ	К
Х	У	Н	Б	Ш	Х	Н	Ш	М	Р	К	Ф	Е	А
Л	М	Д	Т	Т	Е	Л	Ю	Л	Е	А	Г	К	К
Т	Ю	Х	Ч	И	Р	Ж	Ш	В	Ц	Л	Ъ	З	А
Ь	С	Б	Д	П	О	М	С	К	Е	О	Г	О	О
К	Ъ	О	И	Ф	В	К	Ь	У	П	Р	О	Т	А
А	С	Ю	Ц	М	О	Ъ	С	С	Т	И	Р	И	В
Ч	Т	Ш	Ъ	Д	С	Д	К	И	А	И	Ч	Ч	К
Е	А	Ч	Т	Ч	О	А	Б	А	Д	А	И	Е	У
С	В	С	С	А	К	Л	У	Ъ	Р	А	В	Н	С
Т	К	Ф	Ъ	М	О	С	Ъ	Ж	У	А	Н	Ь	Е
В	А	Е	Ф	Т	К	Ч	О	Т	О	Н	М	Т	Н
О	Л	Х	У	К	П	Р	А	Х	А	Щ	В	Е	Я
З	А	Н	А	Я	Т	Ч	И	Й	С	К	И	Ф	Л

АНТИОКСИДАНТ
АРОМАТ
ГОРЧИВ
ФЪСТЪЦИ
ЕКЗОТИЧЕН
ЛЮБИМ
ВКУС
ЗАНАЯТЧИЙСКИ
КАКАО
КАЛОРИИ

КАРАМЕЛ
КОКОСОВ ОРЕХ
ВКУСЕН
ПРАХ
КАЧЕСТВО
РЕЦЕПТА
СЛАДЪК
ЗАХАР
СЪСТАВКА

24 - Boote

М	В	К	О	Д	К	Й	Е	С	Ъ	Б	Ч	Г	Е
А	Ъ	Я	А	К	Е	Р	У	О	Р	Е	З	Е	К
Ч	Ж	Р	Ж	Я	Г	Л	Н	М	К	Л	Ю	С	И
Т	Е	О	Т	Ж	К	Т	Ф	Т	Я	Е	У	И	П
А	Ж	М	О	Ю	Ф	Я	Г	С	А	Т	А	У	А
Ж	А	Б	Б	Й	Х	С	Ц	Х	Ц	А	Г	Н	Ж
Ц	М	Я	И	К	С	Р	О	М	Я	Г	М	А	С
Т	Ш	Н	Р	Й	О	Ф	Т	Ж	К	И	В	К	А
Х	Я	В	Е	М	Т	Т	А	Е	И	В	Т	Т	Л
Д	Ю	Е	Ф	Д	Р	Ж	В	Б	Х	Д	Л	П	Л
Т	С	Ш	Г	Ж	Ю	И	М	А	Г	К	Д	Т	Ю
Т	М	Ш	А	М	А	Н	Д	У	Р	А	Я	К	Л
П	Л	А	Т	Н	О	Х	О	Д	К	А	Й	П	С
В	Ъ	Л	Н	И	Й	М	О	Р	Е	Я	Х	Т	А

КОТВА	МОРЕ
ШАМАНДУРА	ДВИГАТЕЛ
ЕКИПАЖ	МОРСКИ
ДОК	ОКЕАН
ФЕРИБОТ	ЕЗЕРО
САЛ	МОРЯК
РЕКА	ПЛАТНОХОДКА
КАЯК	ВЪЖЕ
КАНУ	ВЪЛНИ
МАЧТА	ЯХТА

25 - Stadt

```
Щ Б М Б Ь Х З О О П А Р К Ь
Е Н Е У Т О Ю Т Б Ш Т И Ю Р
Я Ь Г А Е Т Й Е З У М Т Я С
Р Ъ А К К Е Я Т Ю Щ Г Н Ю Т
Р Ь Р Е Р Л Я И Р Е Л А Г А
Ц В Е Т А Р В С Р А Ф Р Ф Д
Т У Щ О М А Л Р А Р Й О У И
Е Ч И И Р З Н Е К П Й Т Р О
А И Т Л Е А Ш В И К Т С Н Н
Т Л Е Б П П К И Н О С Е А О
Ъ И Л И У Ъ Н Н И Е Ф Р К М
Р Щ Ц Б С Ъ Д У Л Й Н Г М А
Ч Е Й Е Й Л О Б К У Р Щ П Ж
К Н И Ж А Р Н И Ц А К Н А Б
```

АПТЕКА	КЛИНИКА
БАНКА	ПАЗАР
ФУРНА	МУЗЕЙ
БИБЛИОТЕКА	РЕСТОРАНТ
ЦВЕТАР	УЧИЛИЩЕ
КНИЖАРНИЦА	СТАДИОН
ЛЕТИЩЕ	СУПЕРМАРКЕТ
ГАЛЕРИЯ	ТЕАТЪР
ХОТЕЛ	УНИВЕРСИТЕТ
КИНО	ЗООПАРК

26 - Aktivitäten

```
К Ъ М П И Н Г Ч Д М Т Н Р Ц
Ж А Н Л Ч Ц А Е Е Е А Р Т Ъ
П Ъ Н О Д Ж Ь Т Й Н Н Ж П Ч
М П У В Р А Я Е Н Е Ц Е Я Ф
Т У Р И З Ъ М Н О Т И И И У
Е К Ъ Р Ю Й Ь Е С Е К Н Ф Ш
И З К У С Т В О Т Л Е Е А М
Ж И В О П И С Щ Х П Р М Р Д
Р И Б О Л О В М Я Ь А У Г А
И Л Е Г Ю В В А Б Я М Й О Е
Е Г А Ч Н Х К Г Д Б И Д Т Ш
Р Т Р Ю Ш Г С И Н В К Ч О Й
У Ш И Ч И Т Я А Н А З Ф У
Р Е Л А К С А Ц И Я Л Д Я Ш
```

ДЕЙНОСТ	ИЗКУСТВО
РИБОЛОВ	ЗАНАЯТИ
КЪМПИНГ	ЧЕТЕНЕ
РЕЛАКСАЦИЯ	МАГИЯ
УМЕНИЕ	ШИЕНЕ
ФОТОГРАФИЯ	ИГРИ
ЖИВОПИС	ПЛЕТЕНЕ
ЛОВ	ТАНЦИ
КЕРАМИКА	ТУРИЗЪМ

27 - Bienen

```
Е О П Р А Ш И Т Е Л Ч К К Щ
К Л Я Ю Ф Ш Ь Д А Д У Д Т Р
О Ъ В О Ж О А И Л А У Ч У Е
С О С Л К Ж К М Ц Ж Р Й С Н
И В К О Х Х Я Д Е О Я Я Ю Ь
С Ш И Г В Р Ч Н В М И Ь В Х
Т М Е И З А Р Б О О Н З А Р
Е П Е Е С Н Ц Ж Д К Е К Г П
М Р Ц Д Н А Щ И О Е Т О Р О
А А А Р Ф Л Н Ц Л С С Ш А Л
К Ш Т О Р И Ь Ц П А А Е Д Е
Н Е К Я Ц Р Р Р К Н Р Р И З
Ь Ц Л К Ь К Ц Ц В Е Т Я К Н
С Л Ъ Н Ц Е Ф Ч Ш В Ж Ш А О
```

ОПРАШИТЕЛ	ЕКОСИСТЕМА
КОШЕР	РАСТЕНИЯ
ЦВЕТЯ	ПРАШЕЦ
ХРАНА	ДИМ
КРИЛА	РОЯК
ПЛОДОВЕ	СЛЪНЦЕ
ГРАДИНА	РАЗНООБРАЗИЕ
МЕД	ПОЛЕЗНО
НАСЕКОМО	ВОСЪК
КРАЛИЦА	

28 - Wissenschaftliche Disziplinen

```
И С О Ц И О Л О Г И Я Л Н Д
М К И Н Е З И О Л О Г И Я Ш
У Ц Е Е Я А Я В Ш Г Ш Я Р И
Н Т Е Р М О Д И Н А М И К А
О А К И Н А Х Е М Е Ф М Ч Ж
Л Г Ч Я И Г О Л О И З И Ф Р
О Г Е О Л О Г И Я Ю Х Х Я Ц
Г П С И Х О Л О Г И Я О У М
И С Щ Я И Г О Л А Р Е Н И М
Я А С Т Р О Н О М И Я Ю Ю Б
Л И Н Г В И С Т И К А Г Ю П
К Ж Х Ю Ц Б И О Л О Г И Я Ь
А Н А Т О М И Я С К Б Щ Щ О
Е К О Л О Г И Я Е Я Ш Д Ь Л
```

АНАТОМИЯ	ЛИНГВИСТИКА
АСТРОНОМИЯ	МЕХАНИКА
БИОХИМИЯ	МИНЕРАЛОГИЯ
БИОЛОГИЯ	ЕКОЛОГИЯ
ХИМИЯ	ФИЗИОЛОГИЯ
ГЕОЛОГИЯ	ПСИХОЛОГИЯ
ИМУНОЛОГИЯ	СОЦИОЛОГИЯ
КИНЕЗИОЛОГИЯ	ТЕРМОДИНАМИКА

29 - Vögel

```
В Г П П Л Е Р О Ч Ф В Ъ Ъ С
П А А А Е Л Г Г В А Н А Р В
А Р У Т Б И Ъ Н Ъ И Й Г С Н
П В Н И Е П Л И С С Л К Н Ш
А А Ъ Ц Д Ж Ъ М Т Б К Ф А Ц
Г Н Д А Е М Б А Д С Ш А К Ч
А Б У Х А Л М Л Р Ь Б Л И К
Л Щ Н П К О Е Ф Б Т Ю П Л У
О Х К Б Г Й Ц К А Р Х А Е К
Б Ш В Ъ О С Й О Р Л Р Ч П У
Л Н Р И П Щ Я Г Ц Ъ С Е Ъ В
Ц О О Ь В Б У Ф Г Щ Щ Ю В И
В Р А Б Ч Е П И Н Г В И Н Ц
П Щ У Л Ъ М Ф Щ С Б У Ь Н А
```

ОРЕЛ	ПАПАГАЛ
ЯЙЦЕ	ПЕЛИКАН
ПАТИЦА	ПАУН
БУХАЛ	ПИНГВИН
ФЛАМИНГО	ГАРВАН
ГЪСКА	ЧАПЛА
ПИЛЕ	ЛЕБЕД
ВРАНА	ВРАБЧЕ
КУКУВИЦА	ЩЪРКЕЛ
ЧАЙКА	ГЪЛЪБ

30 - Elektrizität

П	С	С	Е	Л	Я	Б	Ш	Р	Е	Л	М	Е	Т
О	Ъ	Ч	Л	М	А	Й	С	О	Л	А	А	Н	Е
Л	Х	О	Е	Р	О	З	Е	Т	Е	М	Г	А	Л
О	Р	Т	К	Е	Я	В	Е	А	К	П	Н	В	Е
Ж	А	Р	Т	Ж	И	Ж	Г	Р	Т	А	И	Д	Ф
И	Н	И	Р	А	З	Л	К	Е	Р	Р	Т	У	О
Т	Е	Ц	О	К	И	И	Ц	Н	И	П	Ш	Р	Н
Е	Н	А	Т	О	В	Т	С	Е	Ч	И	Л	О	К
Л	И	Т	Е	Ь	Е	К	Ь	Г	Е	Я	Д	Б	Г
Е	Е	Е	Х	Ф	Л	Е	У	Д	С	М	Е	О	Н
Н	П	Л	Н	Й	Е	Б	И	Й	К	Ь	Т	Щ	Е
Е	П	Е	И	Я	Т	О	О	М	И	Щ	Ю	Ф	З
Ц	Л	Н	К	Т	Ч	Б	А	Т	Е	Р	И	Я	Д
И	Е	К	А	Б	Е	Л	О	П	Ш	П	Х	Й	О

ОБОРУДВАНЕ	ЛАЗЕР
БАТЕРИЯ	МАГНИТ
ЕЛЕКТРОТЕХНИК	КОЛИЧЕСТВО
ЕЛЕКТРИЧЕСКИ	ОТРИЦАТЕЛЕН
ТЕЛЕВИЗИЯ	МРЕЖА
ГЕНЕРАТОР	ОБЕКТИ
КАБЕЛ	ПОЛОЖИТЕЛЕН
СЪХРАНЕНИЕ	ГНЕЗДО
ЛАМПА	ТЕЛЕФОН

31 - Antarktis

```
В Б С Я П А Б В Д П М Л К И
И О А И З Т Н Я К О И Е О З
Л Д Д Ф А Я И И Л Л Г Д Н С
А М Е А П И А Ц Ъ У Р Н Т Л
З А Р Р А Ф Р И И О А И И Е
Н В С Г З А У Д Л С Ц Ц Н Д
А Д К О В Р Т Е А Т И И Е О
У Е Н Е А Г А П Р Р Я Щ Н В
Ч Л В Г Н О Р С Е О С Т Т А
Е М Е О Е П Е К Н В Ъ Л В Т
Н Ц Х К Р О П Е И Г Д Ц Д Е
М О Т П К Т М Ж М А Ъ Д С Л
Й Ю И Ч О Ъ Е М Е Р В В Ъ Е
С К А Л И С Т В Л Ф Щ Р Ч М
```

ЗАЛИВ	МИГРАЦИЯ
ЛЕД	МИНЕРАЛИ
ЗАПАЗВАНЕ	ТЕМПЕРАТУРА
ЕКСПЕДИЦИЯ	ТОПОГРАФИЯ
СКАЛИСТ	СРЕДА
ИЗСЛЕДОВАТЕЛ	ПТИЦИ
ГЕОГРАФИЯ	ВОДА
ЛЕДНИЦИ	ВРЕМЕ
ПОЛУОСТРОВ	ВЕТРОВЕ
КОНТИНЕНТ	НАУЧЕН

32 - Fahren

```
У Т Р Ц О В И Р О Г Т Ш Н Й
К А Р Т А П Ж Е Т Ф Я С Я М
Ю Т С О Н С А П О З Е Б Х О
К С Ю Л Ш Н Р С Ю Ц Ш Л Щ Т
Н О И М А К А З Н Е Ц И Л О
У Р М Ъ Ь А Г С Ю О О Р Т Ц
Ъ О С П И Р А Ч К И С К Ф И
П К В П Г Б Ф Ъ К Т У Т Н К
Ч С Ш Ш П Щ Х Щ И М У Ф Л Л
П О Л И Ц И Я Л Ф К О Н Ю Е
З Л О П О Л У К А О М Т Е Т
А А В Т О Б У С Р Л Н Ф О Л
Г Ч Е Ж Б Б Е Е Т А У Ц Д Р
С Т Р А Н С П О Р Т Ъ С Ж Я
```

КОЛА	КАМИОН
СПИРАЧКИ	МОТОР
ГОРИВО	МОТОЦИКЛЕТ
АВТОБУС	ПОЛИЦИЯ
ГАРАЖ	БЕЗОПАСНОСТ
ГАЗ	ТРАНСПОРТ
ОПАСНОСТ	ТУНЕЛ
СКОРОСТ	ЗЛОПОЛУКА
КАРТА	ТРАФИК
ЛИЦЕНЗ	

33 - Physik

```
О Х Е Е Л Е К Т Р О Н Т К Ч
Д Т И Е К С П Е Р И М Е Н Т
В С Н М Ъ З И Т Е Н Г А М Г
И О Е О И Т Я О Ь Х И Л Ц А
Г Р Р Т С Ч Л Б Ь Ш А У М З
А О О Б С И Е Ь Г О Л М Е Ч
Т К К А Ц И Т С А Ч У Р Х Е
Е С С О А Х С Е К Б К О А С
Л Р У И С Ч О С Л И Е Ф Н Т
Я Д Р Е Н В Н Р Ч Н Л П И О
А Т О М П Е Т Ю Ж И О Й К Т
С Б Н Х О Ч Ъ Ф Щ У М С А А
А Ш Т О И Е Л У Т П Н В Т Б
М Ж Х Б Г П П Р Я Е Д С С У
```

АТОМ	СКОРОСТ
УСКОРЕНИЕ	МАГНЕТИЗЪМ
ХАОС	МАСА
ХИМИЧЕСКИ	МЕХАНИКА
ПЛЪТНОСТ	МОЛЕКУЛА
ЕЛЕКТРОН	ДВИГАТЕЛ
ЕКСПЕРИМЕНТ	ЯДРЕН
ФОРМУЛА	ЧАСТИЦА
ЧЕСТОТА	ОТНОСИТЕЛНОСТ
ГАЗ	

34 - Bücher

```
Р А З К А З В А Ч У Ж С И Ч
Й Ю Ф Й Ь Н Е Й Р М Е Т З Я
Ц Л Я М И Е Ц Ж А Е И И О И
Т Е И Р А Ч М Щ В С Н Х Б К
С Т Р А Н И Ц А Т Т Е О Р О
Я А О Я Ь П Р Ъ О Е Ч Т Е Н
Щ Т Т Щ И Е Г О Р Н Ю В Т Т
Ф И С О М Ц Ц П В Щ Л О А Е
И Ч И Ъ Ш У К Л Б С К Р Т К
И С Т О Р И Ч Е С К И Е Е С
П О Е З И Я Т Ф Л Ю Р Н Л Т
С Е Р И Я Р Ц С М О П И Е Т
Ж Р Ц Ш К Р О М А Н К Е Н Н
Х У М О Р И С Т И Ч Е Н А Р
```

ПРИКЛЮЧЕНИЕ	КОЛЕКЦИЯ
АВТОР	КОНТЕКСТ
ЕПИЧЕН	ЧИТАТЕЛ
ИЗОБРЕТАТЕЛЕН	ПОЕЗИЯ
РАЗКАЗВАЧ	УМЕСТЕН
СТИХОТВОРЕНИЕ	РОМАН
ИСТОРИЯ	СТРАНИЦА
ИСТОРИЧЕСКИ	СЕРИЯ
ХУМОРИСТИЧЕН	

35 - Menschlicher Körper

П	Ю	Я	А	А	Г	Ю	И	Х	Т	О	О	Б	Ч
В	Е	Ц	И	Л	Й	М	Г	Л	Е	З	Е	Н	Е
В	Ц	К	М	Й	Г	Р	Х	Ю	Ф	С	Ш	Ц	Л
Ъ	Р	Р	Е	Н	Й	Е	Г	Ф	В	Д	С	Ж	Ю
Р	Ъ	А	В	А	Л	Г	Л	Л	Е	Ь	А	К	С
К	С	Г	Т	С	Ъ	Р	П	А	О	Я	С	Л	Т
П	М	Е	К	А	Т	С	У	К	И	З	Е	К	Ъ
Р	А	М	О	Ц	Ц	Р	Ь	Ъ	Н	Ф	Ъ	О	Л
Ш	К	А	Х	Н	П	Ж	Н	Т	Н	О	Ж	Ж	Ш
Д	Ъ	Е	У	О	Я	А	У	Е	Р	Ю	С	А	Л
Я	Р	Л	В	В	Ю	Л	Й	У	Е	Ш	Ж	Ш	С
С	К	Р	А	К	Ъ	З	О	М	Е	Г	Г	Ь	С
Б	Р	А	Д	И	Ч	К	А	К	Р	О	А	М	Д
Ф	П	Л	Ъ	С	Я	Ц	К	Н	Б	Ш	Р	О	Л

КРАК	ЧЕЛЮСТ
КРЪВ	БРАДИЧКА
ЛАКЪТ	КОЛЯНО
ПРЪСТ	ГЛЕЗЕН
МОЗЪК	ГЛАВА
ЛИЦЕ	УСТА
ВРАТА	НОС
РЪКА	УХО
КОЖА	РАМО
СЪРЦЕ	ЕЗИК

36 - Klettern

В	Б	Ц	С	И	Л	А	С	К	М	Ч	С	Р	С
Л	И	Ш	У	Т	О	Б	Г	А	Ъ	Е	Е	Ъ	Т
Ю	К	С	Т	Е	С	Е	Н	Р	Б	В	Р	К	А
Б	С	О	О	О	Т	Ю	К	Т	Т	С	Р	О	Б
О	Е	Б	Ъ	Ч	Ш	Ъ	Р	А	Р	К	Б	В	И
П	Ч	У	А	Т	И	П	Й	Р	Е	Щ	Ъ	О	Л
И	И	Ч	Т	У	Ц	Н	А	Л	П	М	Ь	Д	Н
Т	З	Е	М	Р	И	Т	А	К	С	А	К	С	О
С	И	Н	О	И	В	Ц	Е	Р	К	Д	Т	Т	С
Т	Ф	И	С	З	А	У	А	Р	Е	Я	М	В	Т
В	Щ	Е	Ф	Ъ	К	Г	Х	Ц	Е	Щ	Р	А	Ш
О	Р	И	Е	М	Ъ	А	К	Б	Я	Н	Е	Й	У
Ъ	Н	Ю	Р	Ж	Р	Г	Й	Ь	И	Ж	Я	П	Ю
П	А	Ц	А	Н	А	Р	А	Н	Я	В	А	Н	Е

АТМОСФЕРА	КАРТА
ОБУЧЕНИЕ	ЛЮБОПИТСТВО
ЕКСПЕРТ	ФИЗИЧЕСКИ
РЪКОВОДСТВА	ТЕСЕН
ТЕРЕН	СТАБИЛНОСТ
РЪКАВИЦИ	СИЛА
КАСКА	БОТУШИ
ВИСОЧИНА	НАРАНЯВАНЕ
ПЕЩЕРА	ТУРИЗЪМ

37 - Landschaften

```
Д А П О Д О В Р О Р Е З Е Ф
О А Б Б Ф Ж С Ш М С А Ъ Р Ъ
Л Р Л А Ц Й М Й В Ь Т П О Ч
И Х А В Л Г Ъ П Д Ж Я Р М Х
Н И Т Г Р Е Б С Й А А М О Ф
А Т О И К Й Е К П Л Ь И Р В
Р Ъ У С И З А О У П Д Б Р Ю
Е Ю Ц Н Н Е Н Л Ж С В Ж Ь В
Щ Х Ш Ю Д Р И Н А К Л У В Р
Е П С М Е Р Н Г Н К Х Ъ Л М
П Ф Ю В Л Н А Я Ш Ь Е Н К Я
Й Й Ш Е П О Л У О С Т Р О В
З А Л И В С П П У С Т И Н Я
П Г Р Щ О Т Ч Б Ч У О И И А
```

ПЛАНИНА	МОРЕ
АЙСБЕРГ	ОАЗИС
РЕКА	ЕЗЕРО
ГЕЙЗЕР	ПЛАЖ
ЛЕДНИК	БЛАТО
ЗАЛИВ	ДОЛИНА
ПОЛУОСТРОВ	ТУНДРА
ПЕЩЕРА	ВУЛКАН
ХЪЛМ	ВОДОПАД
ОСТРОВ	ПУСТИНЯ

38 - Abenteuer

```
Т У Р Ш Р А М Ч Т Д Ц А П М
С П Ъ Е К К Г П С Е Г В О Н
О А Р Ц К Г Ф В О Й И У Д Н
Н П Б И Ч С Ф В Н Н Я Т Г Е
С Н А Ш Я Н К Й Д О И Ъ О О
А Г Д С Ъ Т Г У У С Ц П Т Б
П Щ Ц Ч Е Й Е Ь Р Т А Ж О И
О Ь С Ж И Н Р Л Т З Г Т В Ч
З П Р И Р О Д А И Ю И А К А
Е Р Р А Д О С Т К В В Я А Е
Б Г Т Я К Я А Т О С А Р К Н
Е Н Т У С И А З Ъ М Н Ц Д С
Д Е С Т И Н А Ц И Я Й Ю Ч Ж
В Ъ З М О Ж Н О С Т Ь И Ц Д
```

ДЕЙНОСТ	НОВ
ЕКСКУРЗИЯ	ПЪТУВА
ЕНТУСИАЗЪМ	МАРШРУТ
ШАНС	КРАСОТА
РАДОСТ	ТРУДНОСТ
ПРИЯТЕЛИ	БЕЗОПАСНОСТ
ОПАСЕН	НЕОБИЧАЕН
ВЪЗМОЖНОСТ	ПОДГОТОВКА
ПРИРОДА	ДЕСТИНАЦИЯ
НАВИГАЦИЯ	

39 - Flugzeuge

```
В И Т Л А У Р Д П Я С М Е Ч
Г Е Е К И П А Ж О Б У Л А Ь
О И А Т Е И Н Е С Е Р Т Ъ С
Р Н В Н Х С А Б О Б А Л О Н
И Е Р Ю И Ц Т Е К И Н Т Ъ П
В Ч Е И И Ч М Н А Ч И Щ Щ П
О Ю М Ь С Ь О В О Д О Р О Д
У Л Е Ф Т И С С Я Ь П Щ В Ф
П К Х А Р П Ф П И Л О Т Ъ Ш
Д И З А Й Н Е Ф Р В Х С З П
Л Р Я Н К Ф Р И О М И А Д М
Я П Й С Т Н А Й Т Й Ш Р У Т
Д В И Г А Т Е Л С Я Б М Х Н
Ч О В Т С Л Е Т И О Р Т С Е
```

ПРИКЛЮЧЕНИЕ	ВЪЗДУХ
АТМОСФЕРА	ДВИГАТЕЛ
БАЛОН	ПЪТНИК
ГОРИВО	ПИЛОТ
ЕКИПАЖ	ВИТЛА
ДИЗАЙН	ПОСОКА
ИСТОРИЯ	СЪТРЕСЕНИЕ
НЕБЕ	ВОДОРОД
ВИСОЧИНА	ВРЕМЕ
СТРОИТЕЛСТВО	

40 - Haartypen

```
П Д Е Л М А Л О К М Ц Й Х А
В Ъ Л Н О О Б Р А З Н И Г Н
Л Щ Л С И В Ч Е Р Е Н Ц Г Р
О Г Л Ъ Д Н Ш Т И О Н И Л У
С У Х М С Х И О К Р И Р А С
И Ъ Ш А Ь К Д Ю Т С Е Д Д А
Й Ч К П Ъ Е А Р И Ъ И Ъ К Б
Б Я Л У И М Д В Л Е Н К А А
З Д Р А В Ш Е Ф П С Щ Ъ Ь Я
Й Т Щ У Ж Ю Б М О Ж Ш А К Е
К А Ф Я В Й Е С П Л Е Т Е Н
Х Ц Т Й Я Н Л Ф Ц Ж Ж Я Б А
М В Б Л Т Щ Я Г Ю У Ъ М П Ш
К Ъ Д Р А В И Ш Е Л П Д Н У
```

РУСА	КЪС
КАФЯВ	ДЪЛГО
ДЕБЕЛ	КЪДРИЦИ
ТЪНЪК	КЪДРАВ
СПЛЕТЕН	ЧЕРЕН
ЗДРАВ	СУХ
ГЛАДКА	МЕК
ЛЪСКАВ	БЯЛ
СИВ	ВЪЛНООБРАЗНИ
ПЛЕШИВ	ПЛИТКИ

41 - Essen #1

```
С  Т  Ю  Ж  Р  Я  В  А  Ш  У  Р  К  К  Ц
У  У  Ж  А  Я  Б  Й  Т  Д  Л  О  У  А  Ч
Л  О  П  Ф  П  К  Й  А  С  О  К  Л  Н  Е
Ц  О  Ш  А  А  Ш  Щ  Л  Ъ  С  Г  С  Е  С
Т  Т  М  Ф  О  И  В  А  З  Щ  В  Я  Л  Ъ
Й  Ф  Б  Й  И  Т  П  С  А  К  В  И  А  Н
Ъ  Ь  Д  Т  Ч  Ъ  Т  Ж  Х  А  Ч  Х  Ю  О
Г  Щ  Ъ  В  Ц  М  Р  Т  А  Ф  Ю  Б  Й  М
С  П  А  Н  А  К  Ю  С  Р  Е  А  Я  И  И
О  О  У  О  П  Ч  В  О  К  Р  О  М  О  Л
Р  Б  Ъ  Т  О  О  Ь  К  И  Е  Ц  Г  Ц  Ф
Ю  Т  О  Р  Ю  С  Я  Я  Е  Ф  Н  Ж  Ч  Т
Ф  Ъ  С  Т  Ъ  К  Е  Л  И  С  О  Б  Е  Ш
Ж  Ъ  Щ  Е  Ц  Н  Я  М  Н  К  Р  У  И  Г
```

БОСИЛЕК	СОК
КРУША	САЛАТА
ЯГОДА	СОЛ
ФЪСТЪК	СПАНАК
МЕСО	СУПА
КАФЕ	ТОН
МОРКОВ	КАНЕЛА
ЧЕСЪН	ЛИМОН
МЛЯКО	ЗАХАР
РЯПА	ЛУК

42 - Gebäude

```
Ф У Ч И Л И Щ Е П Л Е В Н Я
К А Щ Ъ К К Н Ц Б О У Х Ш Ъ
А Ц Б Ш Г К У Ю Т Ч Е О Б И
Б И С Р К Е К Л Б У И Т Х Ц
И Н Ш Т И Ю Д Т А М Р Е Ф О
Н Л Е И Щ К Ж Ж Л А Т Л Ю Ъ
А О Т Е К Р А М Р Е П У С К
Ц Б П М И Щ Р Ь Й Ш Ф Т Ь И
Ъ Я И Р О Т А В Р Е С Б О Н
Ъ Т Щ Л Г О Г Ж Ц Х З Л М О
Т Е А Т Ъ Р Ч С Н Х Ш У Щ Ъ
У Н И В Е Р С И Т Е Т Ю М Щ
Ь Ъ Ф У С Т А Д И О Н К П Д
Л А Б О Р А Т О Р И Я Ю Б Ь
```

ФЕРМА	МУЗЕЙ
ФАБРИКА	ОБСЕРВАТОРИЯ
ГАРАЖ	ПЛЕВНЯ
КЪЩА	УЧИЛИЩЕ
ХОТЕЛ	СТАДИОН
КАБИНА	СУПЕРМАРКЕТ
КИНО	ТЕАТЪР
БОЛНИЦА	КУЛА
ЛАБОРАТОРИЯ	УНИВЕРСИТЕТ

43 - Angeln

```
Т  С  Ю  Л  Е  Ч  Я  П  В  М  М  Л  Б  О
Ъ  О  Ф  В  О  О  Л  Г  Е  Т  Й  Ц  Ж  К
Р  Ъ  Б  Щ  Б  Ч  Н  Е  Л  Р  А  Е  Ф  Е
П  Т  А  Д  О  В  О  М  И  А  К  У  К  А
Е  Д  Ш  Б  Р  В  Р  Д  Р  К  М  И  С  Н
Н  Д  Д  А  У  Й  Е  Ж  Х  Е  П  Й  Т  Р
И  Е  Ш  Ъ  Д  Й  З  З  С  Р  Я  Я  Р  П
Е  В  Й  В  В  Я  Е  Ф  Н  Е  Н  В  Ъ  Л
К  Н  Ш  Л  А  К  Д  О  Л  И  З  Т  В  А
Я  Ч  Й  Й  Н  Ъ  А  Ц  И  Н  Ш  О  К  Ж
М  М  А  Д  Е  Ц  Ч  Ж  Л  Б  Р  Г  Н  Д
П  Р  Е  У  В  Е  Л  И  Ч  Е  Н  И  Е  Щ
А  Р  Ф  К  Ж  И  А  Н  О  Л  Р  Й  А  Ж
Т  С  И  Ь  Ъ  Л  Ъ  Ч  Н  У  П  К  А  У
```

ОБОРУДВАНЕ	ГОТВЯ
ЛОДКА	КОШНИЦА
ПЕРКИ	СТРЪВ
РЕКА	ОКЕАН
ТЪРПЕНИЕ	ЕЗЕРО
ТЕГЛО	ПЛАЖ
КУКА	ПРЕУВЕЛИЧЕНИЕ
СЕЗОН	ВЕЗНИ
ЧЕЛЮСТ	ВОДА
ХРИЛЕ	

44 - Essen #2

```
О Р И З А К Л Ъ Б Я Ц Ш Х П
Х Д Ъ Ь Х П М Е Д А Б Щ Ж А
Р Л О Н Ц М Щ Й А К Н Ш Х Т
Е Ц Я М Я Г О Ч Л Н Д А У Л
А Е П Б А Ш К Щ О У Ъ Б Н А
Р Л Ш Х А Т Я Ф К Ш М И Ю Д
Т И Е Д С Й Л Ж О Щ Н Р Ц Ж
И Н Н Ц П Г М А Ш Е Р Е Ч А
Ш А И Я Е Я О Н М П Ц Щ Е Н
О Л Ц Р Р Й Л Я Т Ф Т М Н Ж
К Ь А Я Ж Ц Е Н Д П У Ь Ц Б
Г Ъ Б А И Е С С И Р Е Н Е Ч
Б Р О К О Л И Р Е Ш И Ч А К
Р Я И Н Р Г К Ч Ф Ъ Ч П Я Ц
```

ЯБЪЛКА	ЧЕРЕША
АРТИШОК	БАДЕМ
ПАТЛАДЖАН	ГЪБА
БАНАН	ОРИЗ
БРОКОЛИ	ШУНКА
ХЛЯБ	ШОКОЛАД
ЯЙЦЕ	ЦЕЛИНА
РИБА	АСПЕРЖИ
КИСЕЛО МЛЯКО	ДОМАТ
СИРЕНЕ	ПШЕНИЦА

45 - Energie

Я	Л	А	Й	О	С	Ъ	В	Б	Ш	С	Л	Е	Т
Д	И	С	Р	Л	И	М	Б	Е	Н	З	И	Н	О
Р	И	Р	Ъ	Е	П	О	Г	Г	О	Е	К	А	П
Е	Е	Х	Т	Д	Х	Т	Щ	О	Т	Н	С	В	Л
Н	У	Ъ	Я	С	Ю	О	И	Р	О	Т	Е	Я	И
Ф	Е	Щ	В	Ж	У	Р	Р	И	Ф	Р	Ч	С	Н
С	Л	Ъ	Н	Ц	Е	Д	Т	В	Л	О	И	Р	А
В	О	Д	О	Р	О	Д	Н	О	Ш	П	Р	Ъ	Д
Щ	Б	Ф	Ъ	Б	Я	Д	К	И	Г	И	Т	М	Е
Б	А	Т	Е	Р	И	Я	И	С	Е	Я	К	А	Р
Е	Л	Е	К	Т	Р	О	Н	З	Д	И	Е	З	С
В	Ъ	Г	Л	Е	Р	О	Д	Щ	Е	Й	Л	Д	Д
Т	У	Р	Б	И	Н	А	К	Ш	Ш	Л	Е	Ч	Ф
В	Ъ	З	О	Б	Н	О	В	Я	Е	М	Ц	П	Ш

БАТЕРИЯ	ВЪГЛЕРОД
БЕНЗИН	МОТОР
ГОРИВО	ЯДРЕН
ДИЗЕЛ	ФОТОН
ЕЛЕКТРИЧЕСКИ	СЛЪНЦЕ
ЕЛЕКТРОН	ТУРБИНА
ЕНТРОПИЯ	СРЕДА
ВЪЗОБНОВЯЕМ	ЗАМЪРСЯВАНЕ
ТОПЛИНА	ВОДОРОД
ИНДУСТРИЯ	ВЯТЪР

46 - Familie

```
П Р Е Д Ш Е С Т В Е Н И К Щ
А П Т Е Ъ П Л С Г Ф И Й О Ц
Ш Л У У К Ю Ь Р С Ъ М М Я В
Д Е А Т Р Ц О Ж Щ О Т А Р Б
В М Щ Д И Д Б А Б А О Й Е С
Б Е Й Щ О П Е Д Ь Ч Г К Щ Е
У Н П О К К Л Т Я Щ Л А Ъ С
Д Н И Ч Й А М Е Е Д В Щ Д Т
Е И Щ И Й Н У С М Щ О А И Р
Т Ц К Ч Ш И И Ж Х Е Л Б Л А
С А О Ь Щ Щ Щ В К У Н В Ъ Н
Т Л Е Л Я А Й М Х Я Е Н Ъ Е
В А К М Н Б С Ъ П Р У Г И Ж
О Б Р А Т О В Ч Е Д Ь С Л К
```

БРАТ	ПЛЕМЕННИК
ЖЕНА	ПЛЕМЕННИЦА
СЪПРУГ	ЧИЧО
ВНУК	СЕСТРА
БАБА	ЛЕЛЯ
ДЯДО	ДЪЩЕРЯ
ДЕТЕ	БАЩА
ДЕТСТВО	БАЩИНА
МАЙКА	БРАТОВЧЕД
МАЙЧИН	ПРЕДШЕСТВЕНИК

47 - Pflanzen

Ц	Е	Т	Р	Е	В	А	Р	О	Г	О	О	Б	Я
В	В	М	Т	Я	Щ	Е	А	Ч	Л	П	Д	Р	Б
Е	Ч	Ч	Т	С	И	Л	Е	Ч	Н	Е	В	Ъ	Ъ	А
Т	О	С	В	Т	Т	К	П	Б	Л	Ж	Р	Ш	М
Е	Й	А	П	Щ	К	М	Ф	Т	П	Г	В	Л	Б
Г	А	Р	Б	О	Б	Ъ	Л	Ч	Ф	Ж	О	Я	У
Р	Х	Х	С	О	И	Х	О	Й	Ф	С	У	Н	К
А	Б	Е	М	У	Т	Т	Р	Л	И	С	Т	Ц	Р
Д	В	И	Т	Ъ	Т	А	А	Д	С	А	Е	Д	И
И	Г	Р	Л	Е	О	Ф	Н	Е	У	Ь	Т	С	Р
Н	Я	Е	У	К	Е	Щ	А	И	Т	Ь	Ъ	О	О
А	Г	Б	Й	Л	А	Я	М	Д	К	Ш	Ч	Г	Р
К	О	Р	Е	Н	Б	Д	Е	С	А	А	Р	М	У
У	Р	Ф	М	Щ	Ь	Н	У	Х	К	Ш	С	Я	Я

БАМБУК
ДЪРВО
БЕРИ
ЦВЕТЕ
ВЕНЧЕЛИСТЧЕ
БОБ
БОТАНИКА
ХРАСТ
ТОР
БРЪШЛЯН

ФЛОРА
ГРАДИНА
ТРЕВА
КАКТУС
БИЛКА
ЛИСТ
МЪХ
ГОРА
КОРЕН

48 - Gewürze

```
Е  Л  И  Б  О  К  С  Н  Е  Ж  У  А  Е  Е
Л  Д  Й  Й  А  Т  А  Ж  П  Ч  Ь  Н  Л  Д
С  Л  А  Д  Ъ  К  Ш  Р  М  О  Л  А  И  Щ
В  И  Ч  Р  О  Г  К  Б  Д  Х  И  С  Ф  Ф
В  К  Ф  Ж  У  Ь  Щ  Й  Й  А  Ф  О  И  Ь
Щ  У  У  В  П  В  П  Ю  Ф  Л  М  Н  Ж  Б
К  Л  У  С  Ф  Л  Н  Д  Т  Ж  А  О  Д  В
И  Р  Ъ  К  К  О  П  Ъ  Р  Е  Р  Д  Н  А
С  Д  Д  Ц  Д  С  Я  П  Ю  Т  А  Щ  И  Н
Е  П  Ъ  Ч  Е  С  Ъ  Н  И  Щ  К  М  Ж  И
Л  К  А  Н  Е  Л  А  Н  С  П  И  Н  Д  Л
Ш  А  Ф  Р  А  Н  Ф  Р  Н  Б  Е  М  А  И
Ч  Е  Р  В  Е  Н  П  И  П  Е  Р  Р  П  Я
К  И  М  И  О  Н  И  Ъ  Л  Щ  Н  В  Л  Ц
```

АНАСОН	КАРАМФИЛ
ГОРЧИВ	ЧЕРВЕН ПИПЕР
КЪРИ	ПИПЕР
КОПЪР	ШАФРАН
ВКУС	СОЛ
ДЖИНДЖИФИЛ	КИСЕЛ
КАРДАМОН	СЛАДЪК
ЧЕСЪН	ВАНИЛИЯ
КИМИОН	КАНЕЛА
ЖЕНСКО БИЛЕ	ЛУК

49 - Kreativität

```
В Ц Т Ь Я В Е Г А Й М Д У И
Д Ю Ь Н Х И И А Р Х А Р М З
Ъ У С Е Щ А Н Е Ю Я Ш А Е О
Х Ъ Т Н Р Т Е Е И И Й М Н Б
Н Ь Ч А Ч О Ж П Д Ц Ц А И Р
О А У Т Ж Н А И Е И Ь Т Е Е
В О В Н В С Р З И У В И Г Т
Е Г С О Б Я Б Р У Т Ц Ч Я А
Н М Т П Б И О А Ш Н К Е А Т
И У В С А Л З З Т И С Н Н Е
Е Б А А Р Т И С Т И Ч Е Н Л
В П Е Ч А Т Л Е Н И Е Ф С Е
А В Т Е Н Т И Ч Н О С Т Б Н
В Ъ О Б Р А Ж Е Н И Е Е О Й
```

ИЗРАЗ	ВДЪХНОВЕНИЕ
АВТЕНТИЧНОСТ	ИНТУИЦИЯ
ИЗОБРАЖЕНИЕ	ЯСНОТА
ДРАМАТИЧЕН	АРТИСТИЧЕН
ВПЕЧАТЛЕНИЕ	ВЪОБРАЖЕНИЕ
ИЗОБРЕТАТЕЛЕН	УСЕЩАНЕ
УМЕНИЕ	СПОНТАНЕН
ЧУВСТВА	ВИДЕНИЯ
ИДЕИ	

50 - Geschäft

```
О  Е  Ь  К  Д  М  Е  Н  И  Д  Ж  Ъ  Р  П
Т  Н  Н  Щ  О  Ф  А  Б  Р  И  К  А  Щ  Т
С  Й  Ч  Ч  Х  П  Р  О  Д  А  Ж  Б  А  Р
Т  Д  Ж  Н  О  Ч  А  Ь  О  Ж  О  У  Р  А
Ъ  Д  Щ  Ъ  Д  Ш  Я  Т  Ш  Ф  Р  Ъ  Е  Н
П  К  Ж  Т  И  Ц  Ъ  Н  А  Д  И  Б  И  З
К  Р  С  Б  Р  О  К  И  Б  Ц  В  С  Р  А
А  Т  У  Л  А  В  Ъ  З  Л  Я  М  Ж  А  К
Б  Т  М  Я  П  Т  Й  А  А  Н  Е  Ц  К  Ц
С  Ю  С  Т  О  К  И  Г  Ч  П  Д  И  Ч  И
Й  Н  Д  У  И  Ч  Х  А  Е  К  Г  Б  Ш  Я
Й  Ц  И  Ж  Ъ  Щ  С  М  П  П  У  С  А  Г
Р  Ц  Я  Л  Е  Т  И  Ж  У  Л  С  Л  Т  У
Л  Я  И  Ц  И  Т  С  Е  В  Н  И  И  Й  Х
```

БЮДЖЕТ	ЦЕНА
ОФИС	МЕНИДЖЪР
ДОХОД	СЛУЖИТЕЛ
ФАБРИКА	ОТСТЪПКА
ПАРИ	ДАНЪЦИ
МАГАЗИН	ТРАНЗАКЦИЯ
ПЕЧАЛБА	ПРОДАЖБА
ИНВЕСТИЦИЯ	СТОКИ
КАРИЕРА	ВАЛУТА

51 - Ingenieurwesen

М	О	Т	О	Р	И	М	Й	Т	Е	В	М	И	С
Е	И	Н	Е	Л	Е	Д	Е	Р	П	З	А	Р	Т
И	К	Б	Р	Ъ	Ъ	Л	Ъ	Ц	У	П	Ш	Ф	Р
Щ	З	Г	Ъ	Г	Ь	Г	Д	К	Д	М	И	Е	О
Т	Г	М	Т	Ъ	Ц	Г	Й	К	А	И	Н	Е	И
С	С	Д	Е	Т	Е	Ч	Н	О	С	Т	А	Н	Т
О	И	И	М	Р	Д	И	А	Г	Р	А	М	А	Е
Н	Л	З	А	Е	В	О	Т	С	О	Л	К	В	Л
Л	А	Е	И	Я	Л	А	Й	Й	С	Ъ	О	Ж	С
И	Л	Л	Д	Х	Р	Е	Н	Е	И	Р	Т	И	Т
Б	Е	Н	Е	Р	Г	И	Я	Е	О	С	Т	В	В
А	И	З	Ч	И	С	Л	Е	Н	И	Е	К	Д	О
Т	Д	Ъ	Л	Б	О	Ч	И	Н	А	А	Х	А	Ф
С	Т	Р	У	К	Т	У	Р	А	Ц	А	У	З	М

ОС	МАШИНА
ЗАДВИЖВАНЕ	ИЗМЕРВАНЕ
ИЗЧИСЛЕНИЕ	МОТОР
ДИАГРАМА	ТРИЕНЕ
ДИЗЕЛ	СТАБИЛНОСТ
ДИАМЕТЪР	СИЛА
ЕНЕРГИЯ	СТРУКТУРА
ТЕЧНОСТ	ДЪЛБОЧИНА
ЛОСТОВЕ	РАЗПРЕДЕЛЕНИЕ
СТРОИТЕЛСТВО	ЪГЪЛ

52 - Kaffee

```
Ж К Ж Х В М Г Ч О Р Ч Щ П М
В К У С О Ж Е А Ш А Ч Ч Р Е
Ь У У Й Д Л З Р У Ч У С О Л
О Х Р Д А М А О К Я Л М И Е
У Ч П Р В Ч Х М Ш Щ Ч Я З Н
С У Т Р И Н А А П И Е Ж Х Е
Й Ъ Ь Ч Ч И Р Т Ж М Р Б О Р
Р Ц Ю Д Р Е О Ц Р Ф Е Р Д Ъ
У Е Е К О Ф Й Т С О Н Ч Е Т
Ц П Ъ Н Г О Х Й Й П С Й П Л
Й Х Х Р А К М М М Ц Г Ш Х И
Р Ш Ъ Ь Е М Ц Т Ц Д Н Ч Л Ф
Н А П И Т К А Р Ч Д Р С С Х
Р Л Ю А Ц Е Ц Ч К Р Х К Т И
```

АРОМАТ	МЛЯКО
ГОРЧИВ	СУТРИН
КРЕМ	ЦЕНА
ФИЛТЪР	ЧЕРЕН
ТЕЧНОСТ	ЧАША
ВКУС	ПРОИЗХОД
НАПИТКА	СОРТ
КОФЕИН	ВОДА
МЕЛЕНЕ	ЗАХАР

53 - Gemüse

```
П А Т Л А Д Ж А Н Ю Х А Р Г
М А С Л И Н А Ж В О К Р О М
Л У К Я М П Й А Л У Ц Т Ш Е
М Л Б Д Ц А В К И Т Е И Б Д
Р Ф Л О Х Ц Г Е Р Е Л Ш Ш Ж
Д Л Ю М Ц Т О Д А Щ И О Х И
Г Р К А Н А П С А С Н К Ъ Н
К Ъ Я Т М У Ю Ъ Е Н А Щ Б Д
Ъ Й Б П С А Л А Т А О С Р Ж
К Ъ С А А Ь Н Д Я Д З О И
А А У А Ц И В А Т С А Р К Ф
В К А Р Т О Ф И М Г Я Е О И
К А Р Ф И О Л А У Я Г Ф Л Л
Ч Е С Ъ Н Г Ъ М Н Е У Ц И А
```

АРТИШОК	ТИКВА
ПАТЛАДЖАН	МАСЛИНА
КАРФИОЛ	МАГДАНОЗ
БРОКОЛИ	ГЪБА
ГРАХ	РЯПА
КРАСТАВИЦА	САЛАТА
ДЖИНДЖИФИЛ	ЦЕЛИНА
МОРКОВ	СПАНАК
КАРТОФИ	ДОМАТ
ЧЕСЪН	ЛУК

54 - Schönheit

```
С П И Р А Л А Ф У Ц М О Ш П
И Ц И Р Д Ъ К А Ш П В Г С П
Т О Б Н А О П М А Ш Ц Я Ю В
К И У Е В Ч Е Р В И Л О Т П
У О У Т С О Н Т Н А Г Е Л Е
Д У Ж Н Ю Н Ч О О А Ь Ч М М
О С С А К И Т Е М З О К А И
Р Л Т Г С К А К Д А Л Г Н Р
П У И Е Ь Ю Д С Д М А С Л А
Г Г Л Л П Т О И Д Д У И Ц
Х И И Е Ц Я Г Д Я Ц Е Р Б И
Е Ж С Т М В А Т Д Ш Л Е Н Ж
Ч С Т Щ А Ц Л Ь Р П Г К М О
О Ъ Щ Й Й Ф Б Т А М О Р А Н
```

БЛАГОДАТ
ЧАР
УСЛУГИ
АРОМАТ
ЕЛЕГАНТЕН
ЕЛЕГАНТНОСТ
ЦВЯТ
ГЛАДКА
КОЖА
КОЗМЕТИКА

ЧЕРВИЛО
КЪДРИЦИ
МАСЛА
ПРОДУКТИ
НОЖИЦА
ШАМПОАН
ОГЛЕДАЛО
СТИЛИСТ
СПИРАЛА

55 - Tanzen

```
И И К С Е Ч И С А Л К И Т Б
З О У В И З У А Л Е Н З Р Л
К Ю Л Д В И Ж Е Н И Е Р А А
У А Т Я И М Е Д А К А А Д Г
С Ш У И Т Т Й Ш Й Р К З И О
Т Ъ Р Ф Ю Р Г И Я И И И Ц Д
В Е А А М Ь А Ч И Т З Т И А
О П Ш Р Ж У Л Д Ц Ъ У Е О Т
А О Ч Г Ф Д Ц У О М М Л Н Ь
Щ З Т О Б Я Ф А М С Д Е Е П
Й А А Е О Ь Я Я Е О Т Н Н Ч
А Ч Ф Р О Ь Н Т Р А П Е О В
И К Ш О К У Л Т У Р Е Н Н Ч
Е В О Х Р Е П Е Т И Ц И Я М
```

АКАДЕМИЯ	КУЛТУРА
БЛАГОДАТ	КУЛТУРЕН
ИЗРАЗИТЕЛЕН	ИЗКУСТВО
ДВИЖЕНИЕ	МУЗИКА
ХОРЕОГРАФИЯ	ПАРТНЬОР
ЕМОЦИЯ	РЕПЕТИЦИЯ
РАДОСТЕН	РИТЪМ
ПОЗА	ТРАДИЦИОНЕН
КЛАСИЧЕСКИ	ВИЗУАЛЕН
ТЯЛО	

56 - Ernährung

```
Н З А М Г К А Л О Р И И П Б
Ц Ю Д Б И К Х Х Л П Н Д К А
У Л К Р Б К Р М Г А Д Ш А Л
И Б Х Л А Ж А Ш Е Ю Я Г Ч А
Й В Д Ж Щ В Н К Т И И Р Е Н
Ъ О Н И С К О Т Ч Н Ц Я С С
Г Д А Д О Р С Л Я И А Ъ Т И
Л О Й Н С Ж М Д И Е Т А В Р
О Ч Р Х Д С И К Ц Т Н У О А
Щ Р Ч Ч Б У Л У Р О Е Ь О Н
М Ц Ш Л И К А Й О Р М Р С Ь
Г Р Ф Р П В Н И П П Р О К П
А П Е Т И Т Е Н Ф Ч Е У Ю Х
З Д Р А В Е Н У В Я Ф Я Ч П
```

АПЕТИТ	ТЕГЛО
БАЛАНСИРАН	КАЛОРИИ
ГОРЧИВ	ПОРЦИЯ
ДИЕТА	ПРОТЕИНИ
ЯДНИ	КАЧЕСТВО
ФЕРМЕНТАЦИЯ	СОС
ВКУС	ТОКСИН
ЗДРАВ	ХРАНОСМИЛАНЕ
ЗДРАВЕ	

57 - Länder #1

```
Ш Б Ю Й Е Я И Д Н И Т В С Е
Й Р Х А У Г А Р А К И Н Е Г
Л Е Ф Н Ь Ю Т Й А Ь Т Щ Н И
К А М Б О Д Ж А И К П Ю Е П
П К Г Ш Я И Л И З А Р Б Г Е
Ь О Н Е Ч У Б Х Р О И В А Т
Ь Л Л И Р И Е Ъ А Т С И Л У
Щ Р Ш Ш С М Ь Ф Е Щ П Е Л Ъ
О Л А Д А Н А К Л Ш А Т А У
И Т А Л И Я Ц Н Ш Т Н Н Т А
Н О Р В Е Г И Я И Л И А В У
В Е Н Е Ц У Е Л А Я Я М И Т
М А Л И Й Р У М Ъ Н И Я Я Й
Ш Ф И Н Л А Н Д И Я И Х Ь А
```

ЕГИПЕТ	ЛАТВИЯ
БРАЗИЛИЯ	МАЛИ
ГЕРМАНИЯ	НИКАРАГУА
ФИНЛАНДИЯ	НОРВЕГИЯ
ИНДИЯ	ПОЛША
ИРАК	РУМЪНИЯ
ИЗРАЕЛ	СЕНЕГАЛ
ИТАЛИЯ	ИСПАНИЯ
КАМБОДЖА	ВЕНЕЦУЕЛА
КАНАДА	ВИЕТНАМ

58 - Technologie

```
В И Р Т У А Л Е Н Й С И Н К
С К С У Р И В Й Ц Б И З Ф О
Т Н Е Ъ Щ Л Р У К А Г С В М
Ф Т Е К О К Ь Ш А Й У Л А П
И А В Ю Р Б Ъ Ж Б Т Р Е К Ю
Р Р Й Щ Ц А Щ Б И О Н Д У Т
Ш Е Е Л И К Н Е Н В О В Р Ъ
Й М Л О Ф Б Б Р Н Е С А С Р
Ф А П Ъ Р Ю Т Е А И Т Н О В
О К С Н О К Ш У Д Е Е Е Р Ь
В Т И У В И Н Т Е Р Н Е Т Ж
Т В Д Л Ф И К Ф Ь Г С Х А А
Б Р А У З Ъ Р О Б Л О Г Л С
Х Ш Р А К И Т С И Т А Т С Х
```

ДИСПЛЕЙ	ИЗСЛЕДВАНЕ
ЕКРАН	ИНТЕРНЕТ
БЛОГ	КАМЕРА
БРАУЗЪР	СЪОБЩЕНИЕ
БАЙТОВЕ	ШРИФТ
КОМПЮТЪР	СИГУРНОСТ
КУРСОР	СОФТУЕР
ФАЙЛ	СТАТИСТИКА
ДАННИ	ВИРТУАЛЕН
ЦИФРОВ	ВИРУС

59 - Wasser

```
Р  Ж  Е  Ф  Ъ  Г  И  М  Н  Т  У  О  Ж  Щ
Я  Е  Ъ  И  И  З  П  А  Р  Я  В  А  Н  Е
Д  Н  К  Ч  Й  Ь  Е  О  Р  Л  Ц  П  А  Д
Х  А  Т  А  Н  Ж  А  Л  В  О  Ь  В  Е  Ъ
П  В  Д  У  Ш  В  В  Ф  Т  А  Л  Ъ  К  Ж
Г  Я  Е  Щ  А  Л  М  У  С  О  Н  Л  О  Д
К  О  Л  К  Н  А  Г  А  Р  У  Т  Н  Ч  Д
М  П  Е  М  В  Г  М  П  Х  Р  Ш  И  Ь  П
Ь  А  К  З  Ь  А  Р  Е  З  Й  Е  Г  Ц  А
Ц  Н  Н  Ж  Е  Й  А  К  А  Н  Ь  Я  Т  Р
М  А  Ю  У  Е  Р  З  Л  А  Ь  Н  Н  Ъ  А
Ш  Ж  Ч  П  Р  Ъ  О  Т  В  Н  Я  С  М  В
Н  А  В  О  Д  Н  Е  Н  И  Е  А  О  И  В
Я  Т  Щ  Й  Ъ  О  Г  Ф  О  К  Ц  Л  В  Ш
```

НАПОЯВАНЕ	УРАГАН
ПАРА	КАНАЛ
ДУШ	МУСОН
ЛЕД	ОКЕАН
ВЛАЖНА	ДЪЖД
ВЛАГА	СНЯГ
РЕКА	ЕЗЕРО
НАВОДНЕНИЕ	ИЗПАРЯВАНЕ
МРАЗ	ВЪЛНИ
ГЕЙЗЕР	

60 - Science Fiction

```
О С В Д Б Я И П О Т С И Д И
Ж Г В Н Ю Б Г Д Л Х Ь Ъ Г Л
Г Ю Ъ Я Ц Щ И Л Щ А Н Е А Ю
Д А Й Н Т И Н У Я М Н П Д З
К Ч Ц Ю Т Л К К Л В О Е У И
В Ъ О Б Р А Ж А Е М В Ъ Т Я
Т С Н Я Ь К Ъ Р Ц Я Х Я А А
Ф У И Ь Я И Г О Л О Н Х Е Т
И Г К У Ю М О Ю Й Г Я Ж Р Щ
П Н Е З О И Р Е Т С И М О С
М Е Е Ф Ж Х Ч Х К Б П Щ Б Х
Е К С Т Р Е М Н И Ю О Е О Т
Е К С П Л О З И Я А Т Ь Т Г
Н Е Ч И Т С И Р У Т У Ф И Ш
```

КНИГИ	ВЪОБРАЖАЕМ
ХИМИКАЛИ	КИНО
ДИСТОПИЯ	ОРАКУЛ
ЕКСПЛОЗИЯ	ПЛАНЕТА
ЕКСТРЕМНИ	РОБОТИ
ОГЪН	ТЕХНОЛОГИЯ
ФУТУРИСТИЧЕН	УТОПИЯ
МИСТЕРИОЗЕН	СВЯТ
ИЛЮЗИЯ	

61 - Haustiere

М	А	К	Р	У	Н	Е	Т	С	О	К	Е	А	З
И	К	Х	У	Л	Г	Й	П	Ъ	М	П	Ъ	О	Г
Ш	Я	Щ	Р	Ч	К	О	Т	К	А	Д	О	В	П
К	Л	Ю	Е	А	Е	Х	А	М	С	Т	Е	Р	А
А	Й	Ч	Щ	Б	Н	Н	Е	А	Ф	Р	Т	А	П
У	Я	Ж	У	И	Ж	А	Ц	Ю	Д	Р	О	Н	А
Ь	Ж	Л	Г	Р	Е	В	Н	Е	Т	Г	К	И	Г
И	Т	К	О	Н	М	А	Н	Л	Ц	Н	В	Р	А
О	Ь	Ь	У	Е	Ш	Р	С	Х	Е	Г	Ъ	Е	Л
П	П	И	Т	Ч	Б	К	К	Ь	А	Щ	К	Т	У
А	Н	М	Ч	П	Е	Л	Л	Н	М	У	О	Е	Т
Ш	Л	Ю	О	А	И	Й	Р	У	Р	Щ	З	В	Я
К	Й	Ь	Д	У	К	А	И	Ш	К	А	А	П	К
А	Ш	А	Ю	Г	Ч	Т	Ю	Г	Ч	Ш	Л	П	Г

ГУЩЕР	КРАВА
ХРАНА	КАИШКА
РИБА	МИШКА
ХАМСТЕР	ПАПАГАЛ
ЗАЕК	КОСТЕНУРКА
КУЧЕ	ОПАШКА
КОТКА	ВЕТЕРИНАР
КОТЕ	ВОДА
ЯКА	КУЧЕНЦЕ
НОКТИ	КОЗА

62 - Literatur

```
Т Р А Г Е Д И Я Е Ч Ж О Щ Б
А Н Е К Д О Т И Щ О Ш П В И
О И Х Р А З К А З В А Ч Ь О
Ч П С Т И Л А Ъ Н Ж Ь Б Й Г
Р Е И Н Е Ч Ю Л К А З С И Р
С И Я С З И Л А Н А М И Р А
Р О Т В А Ц И Л С И М З И Ф
Г Л Ц Ъ Ю Н Б И Ц О А Е Х И
Н Я С Г М А И К Ф Ж Д Щ Т Я
И Р Е Ж В М Н Е Ч И Т Е О П
Ц Д Я И Г О Л А Н А Ш Ж Ж Ю
Л П Ю И Ю Р Д И А Л О Г Ъ Б
Щ М Е Т А Ф О Р А Ф Ъ Ч У Р
С Т И Х О Т В О Р Е Н И Е Щ
```

АНАЛОГИЯ	МЕТАФОРА
АНАЛИЗ	ПОЕТИЧЕН
АНЕКДОТ	РИМА
АВТОР	РИТЪМ
ОПИСАНИЕ	РОМАН
БИОГРАФИЯ	ЗАКЛЮЧЕНИЕ
ДИАЛОГ	СТИЛ
РАЗКАЗВАЧ	ТЕМА
ИЗМИСЛИЦА	ТРАГЕДИЯ
СТИХОТВОРЕНИЕ	

63 - Wandern

```
Т  П  О  Д  Г  О  Т  О  В  К  А  Л  Л  Р
Е  Т  Б  И  У  П  Р  К  Ъ  Х  Щ  В  Щ  Ъ
Ж  Б  Ф  Х  Ч  Х  И  Л  Ш  Т  М  В  Р  К
Ъ  С  Л  Ъ  Н  Ц  Е  И  В  Р  Е  М  Е  О
К  М  И  У  А  С  С  М  Д  Я  И  Ш  В  В
Б  О  Т  У  Ш  И  Ь  А  Л  А  К  С  О  О
Ж  И  В  О  Т  Н  И  Т  Д  Ш  А  Х  Д  Д
У  Ч  А  Й  В  Ц  В  Г  К  О  Т  Ъ  А  С
М  Ф  Ц  Ь  И  Ц  Р  Ц  Ъ  К  Р  Ж  Г  Т
О  Х  Х  М  М  Ю  Ъ  Ж  М  А  А  И  К  В
Р  Д  Ь  Х  Ъ  Й  Х  Х  П  М  К  П  Р  А
Е  П  А  Р  К  О  В  Е  И  Ъ  Д  К  Е  П
Н  П  Л  А  Н  И  Н  А  Н  Н  Л  И  Щ  Д
Д  П  Ъ  С  Л  Щ  И  У  Г  И  Ф  И  В  М
```

ПЛАНИНА	ТЕЖЪК
КЪМПИНГ	СЛЪНЦЕ
РЪКОВОДСТВА	КАМЪНИ
ВРЪХ	БОТУШИ
КАРТА	ЖИВОТНИ
КЛИМАТ	ПОДГОТОВКА
СКАЛА	ВОДА
УМОРЕН	ВРЕМЕ
ПРИРОДА	ДИВ
ПАРКОВЕ	

64 - Länder #2

```
У С Н Б Г А С О Ф У У П Т О
И У И Я Ж К И Ж Р И Г Ш Ж Е
Б Д Г И У Х Р И А Н Л Т У Ж
С А Е Д К Й И Х Н Ь Д А А Т
У Н Р Н Р Е Я А Ц С Д К О О
Р Н И А А Т Д И И Ю Ъ Й П С
А У Я Л Й И Е Т Я Б Д А А У
В Л С Р Н О К И С К Е М К Г
И Д Б И А П Т Я Ж Б Б Я И А
Е У Б А Я И Я П О Н И Я С Н
О Ъ Р С Н Я И Р Е Б И Л Т Д
Н Е П А Л И Ф И Я Б И Т А А
В С Д Й У К Я И Н Е К М Н Ч
Ф Ф Я Ъ П Р Г Ъ Р Ц И Я Ч У
```

АЛБАНИЯ	ЛИБЕРИЯ
ЕТИОПИЯ	МЕКСИКО
ФРАНЦИЯ	НЕПАЛ
ГЪРЦИЯ	НИГЕРИЯ
ХАИТИ	ПАКИСТАН
ИРЛАНДИЯ	РУСИЯ
ЯМАЙКА	СУДАН
ЯПОНИЯ	СИРИЯ
КЕНИЯ	УГАНДА
ЛАОС	УКРАЙНА

65 - Fahrzeuge

```
П  Т  Г  Н  У  Р  Г  А  С  М  Ж  Х  Ж  В
Х  О  С  У  Б  О  Т  В  А  Х  И  Ю  Х  А
Е  Б  Д  Ъ  М  Л  А  К  О  Л  А  Ш  И  Н
Л  И  Е  В  Р  И  К  Т  А  М  Н  К  Ъ  Г
И  Р  П  Х  О  Б  Й  Г  Р  Ь  А  И  Т  Б
К  Е  И  Ь  Т  Д  Е  Й  Ш  Н  В  С  Р  Ъ
О  Ф  С  С  О  Ю  Н  О  И  М  А  К  А  Ь
П  Ф  О  И  М  Е  И  И  Ш  Ж  Р  А  К  Е
Т  Ф  Л  Ч  В  Ж  Л  С  Ц  Й  А  Т  Т  М
Е  Т  Е  Л  О  М  А  С  К  А  К  Д  О  Л
Р  Ю  В  Ъ  Р  Х  С  С  О  У  О  Т  Р  Ф
Р  А  К  Е  Т  А  В  Л  А  К  Т  Р  О  Г
К  В  Ъ  Г  Е  Ш  Е  И  Ь  Г  Х  Е  Г  М
Ш  Г  Р  А  М  Т  Л  Е  Щ  У  И  В  Р  Л
```

КОЛА	МОТОР
ЛОДКА	РАКЕТА
АВТОБУС	ГУМИ
ВЕЛОСИПЕД	СКУТЕР
ФЕРИБОТ	ТАКСИ
САЛ	ТРАКТОР
САМОЛЕТ	МЕТРО
ХЕЛИКОПТЕР	ПОДВОДНИЦА
ЛИНЕЙКА	КАРАВАНА
КАМИОН	ВЛАК

66 - Musikinstrumente

```
П Щ О Й Р Х М А К Л У Г И Ц
Ь И Ъ Б М П А Ф Л В Ф Н Я Я
Т Ш А Щ О У Р Г А Ю Ф Р Ш Г
О Щ Т Н Д Й И Н Р А Д У В О
Г Ф Ф Щ О Я М О И Н Д Т И Н
А Р Ф А Ж Г Б Ф Н И А Р О Г
Ф Л Е Й Т А А О Е Л Й О Л Г
Ъ Н Я К О В У С Т О Р М О Ф
Ч А Д Ь И Ю Й К О Д Е П Н Н
Ю Б Ф Ш Х Т Ч А Ж Н Г Е Ч С
У А С Д Ъ Е А С Д А О Т Е К
Т Р О М Б О Н Р Н М Ш С Л Я
И А К И Н О М Р А Х Ш Д О К
М Б Ч Д И О С Ю Б Л Ю Ч А Ф
```

БАНДЖО	МАНДОЛИНА
ВИОЛОНЧЕЛО	МАРИМБА
ФАГОТ	ХАРМОНИКА
ФЛЕЙТА	ОБОЙ
ЦИГУЛКА	ТРОМБОН
КИТАРА	САКСОФОН
ГОНГ	УДАРНИ
АРФА	ДАЙРЕ
КЛАРИНЕТ	БАРАБАН
ПИАНО	ТРОМПЕТ

67 - Blumen

```
Ж Щ А Л Ъ Н М Д С Л Д Ш Т Ж
Ф П Ф Д Т Т Д А Л М Ю Й У В
Г А Р Д Е Н И Я Ъ В А Л Щ П
Г Ч С М К И М Л Н Е Д К Я Ь
Х Л Р Ь У М Н И Ч Н Щ О И К
И Б У Б Б С Ж Л О Ч Ь Р Л Ф
Б Х Ж Х Е А Ш И Г Е Ю Х О М
И Ь О Р А Ж Д Я Л Л Р И Н О
С И Б Х Р Р Ф Щ Е И О Д Г Н
К Б Р Й Д Н Ч Ш Д С З Е А Л
У Й Ч Д Ь Е Ш Е Й Т А Я М А
С Д Е Т Е Л И Н А Ч Ч С Ж Л
Л А В А Н Д У Л А Е Д Д Р Е
Н Г Т Ж М А Р Г А Р И Т К А
```

ВЕНЧЕЛИСТЧЕ	ГЛУХАРЧЕ
ГАРДЕНИЯ	МАГНОЛИЯ
МАРГАРИТКА	МАК
ХИБИСКУС	ОРХИДЕЯ
ЖАСМИН	БОЖУР
ДЕТЕЛИНА	РОЗА
ЛАВАНДУЛА	СЛЪНЧОГЛЕД
ЛЮЛЯК	БУКЕТ
ЛИЛИЯ	ЛАЛЕ

68 - Natur

```
К Д Т Б П У С Т И Н Я С Ъ Ж
Ь Ф Т Х Е Й Н Ц Р Ц С Е Н У
М Ъ Г Л А П С Х Х А Д И В Ш
М И Р Е Н Л Я М Д В Й Ж Д С
Е К И Н Ж А В О Н Е Н З И Ж
Р С Ю П И Н Т О В И Ж К Н П
О Е К А И Т К Р А Г Й А Ч
З Ч Ж Р С Н М Ю Щ Е Ь И М Е
И И М В А И Г А Н А К Ц И Л
Я П Н О Л С Д О П Т И А Ч И
Ю О Ъ М К Е О О М Й Н Л Е М
А Р О Г Ф И Ю Т Й О Д Б Н Н
Ш Т С И Л О Ж М А Е Е О А Г
С В Е Т И Л И Щ Е Ш Л Ч Ф Ъ
```

АРКТИКА	ЖИЗНЕНОВАЖНИ
ПЛАНИНИ	МЪГЛА
ПЧЕЛИ	КРАСОТА
ДИНАМИЧЕН	ПОДСЛОН
ЕРОЗИЯ	ЖИВОТНИ
РЕКА	ТРОПИЧЕСКИ
МИРЕН	ГОРА
ЛЕДНИК	ДИВ
СВЕТИЛИЩЕ	ОБЛАЦИ
ЛИСТ	ПУСТИНЯ

69 - Urlaub #2

```
Д Н П Р А З Н И К А Л В Е Т
Ч Е Й Н Ц К Б К А Р Т А Д А
У Н С В О Р Т С О Н В Ш Б К
Ж А П Т Я Е Н А В У Т Ъ П С
Д Р А Н И Г Щ С Л Ж М Я Т И
Е Т С А Н Н В Ъ О А И О Д Г
Н С П Р И И А Л Е Л П Я Р К
Е Е О О Н П Ъ Ц Х П Р А Ш Е
Ц Д Р Т А М Е Щ И Т Е Л Ш Ь
Н Ж Т С Л Ъ Щ М Ч Я В И З А
Л У Г Е П К О Ц Н Ц Я Ю Ф Ю
Х Ч Т Р О П С Н А Р Т О Е Ю
Т Щ П Ю Ш И Е Б Х О Т Е Л М
М О В С Ь Ж Я Ф Ъ С Г Е Ш Д
```

ЧУЖДЕНЕЦ	ПЪТУВАНЕ
ЧУЖДЕСТРАНЕН	РЕСТОРАНТ
ПЛАНИНИ	ПЛАЖ
КЪМПИНГ	ТАКСИ
ЛЕТИЩЕ	ТРАНСПОРТ
ХОТЕЛ	ПРАЗНИК
ОСТРОВ	ВИЗА
КАРТА	ПАЛАТКА
МОРЕ	ДЕСТИНАЦИЯ
ПАСПОРТ	ВЛАК

70 - Zirkus

К	Л	О	У	Н	Ж	Ш	Ш	Н	К	Д	А	В	М
С	З	Д	Л	Х	Я	О	А	К	И	З	У	М	А
Л	Р	Е	Х	Ь	К	И	Н	О	Л	А	Б	Т	Г
О	И	Н	Ж	Р	И	Д	У	Г	Л	Г	Ь	Р	Ь
Н	Т	Ш	Д	Ч	О	В	М	Б	Л	Ъ	Р	И	О
М	Е	А	У	П	Т	И	Й	Ю	М	Ь	В	К	С
Т	Л	У	Х	А	К	Т	А	Л	А	П	О	О	Н
Т	А	Б	О	Р	К	А	М	Т	П	Ъ	Ъ	Р	И
Щ	Г	И	А	А	Щ	Ж	Н	Я	И	Г	А	М	К
С	А	Р	Ш	Д	Л	Ш	Д	Й	Б	Г	Р	Ш	Ч
Е	Я	М	П	И	Н	Т	О	В	И	Ж	Ъ	Ч	Ш
А	Д	Щ	Щ	Е	Б	Т	Л	О	Л	У	Щ	Р	Б
И	Л	Ж	Х	П	Н	Д	Т	П	Е	Ж	Й	М	О
К	Д	П	Ъ	Ж	Ь	Я	М	Ю	Т	С	О	К	Б

МАЙМУНА	МАГИЯ
АКРОБАТ	МУЗИКА
БАЛОНИ	ПАРАД
КЛОУН	ЖИВОТНИ
СЛОН	ТИГЪР
БИЛЕТ	ТРИК
ЖОНГЛЬОР	МАГЬОСНИК
КОСТЮМ	ПАЛАТКА
ЛЪВ	ЗРИТЕЛ

71 - Barbecues

Ф	Й	Л	У	П	З	Е	Л	Е	Н	Ч	У	Ц	И
Ъ	Е	И	А	И	Х	О	Т	Я	Л	Я	И	Т	Т
А	Й	Л	Ц	П	Й	В	Г	Л	А	Д	А	Ч	Ш
Б	Л	О	О	Е	В	Т	Г	О	Т	В	Е	Н	Е
Ъ	Ц	М	Ю	Р	К	С	О	С	Г	О	Р	Е	Щ
Д	Ц	Г	Р	Ш	Н	Й	Х	О	А	Д	Ш	Ж	О
Н	О	Ж	О	В	Е	Е	В	О	Д	О	Л	П	Щ
И	В	И	Я	Ъ	Я	М	Ю	Л	Ч	Б	И	П	С
Г	Г	Р	Я	Б	Ж	Е	Ш	С	Щ	А	Ц	Е	Д
Р	О	П	И	Л	Е	С	А	Л	А	Т	И	Ъ	И
И	В	Б	Ф	Е	К	Я	У	Щ	Ь	Ф	Л	Д	Х
Р	К	А	Я	Р	Е	Ч	Е	В	К	Ж	И	К	Ф
С	О	Л	Д	Д	Б	С	К	А	Р	А	В	С	Ь
Й	К	И	В	М	Я	Ж	С	М	У	З	И	К	А

ВЕЧЕРЯ	ГОТВЕНЕ
СЕМЕЙСТВО	НОЖОВЕ
ПЛОДОВЕ	ОБЯД
ВИЛИЦИ	МУЗИКА
ЗЕЛЕНЧУЦИ	ПИПЕР
СКАРА	САЛАТИ
ГОРЕЩ	СОЛ
ПИЛЕ	ЛЯТО
ГЛАД	СОС
ДЕЦА	ИГРИ

72 - Küche

```
Г О Й Р А Щ Г Б Ц М С Е Ю Х
Л Ъ Ж И Ц И Н Ъ П Я К К Ъ Р
Ч Ъ С Т С С К Ч Б М А А Щ А
Х Л А Д И Л Н И К А Р Н Т Н
Я П П П Т Я Т Н А Т А А Ъ А
И Т У А Р Л Л Ш П П Н Л К У
К Я К Ж Е Е У А Р Е Р О П Я
В К У В З П С К Е Ц У Ф Р И
А И И Д И Ч И Т Ч Е Ф С Ъ Н
Р Н Л П Р Ж Ц Е И Р К П Ч О
П Й К И Ф М Ф Ф Ш Л Ш И Ж
Д А Н Д Ц Л О Л Г Я К Ь Ц О
О Ч А Ш И И А А В А Й А И В
П С И Я Ш Д Г С Н Ч Й Р Ш Е
```

ХРАНА	НОЖОВЕ
ПРЪЧИЦИ	ФУРНА
ВИЛИЦИ	РЕЦЕПТА
ФРИЗЕР	ПРЕСТИЛКА
ПОДПРАВКИ	КУПА
СКАРА	ГЪБА
ЧЕРПАК	САЛФЕТКА
КАНА	ЧАШИ
ХЛАДИЛНИК	ЧАЙНИК
ЛЪЖИЦИ	

73 - Schach

Ь	И	К	Д	С	Б	П	Ь	Х	Ц	М	О	П	Л
Ю	Г	Е	О	Щ	Щ	Ч	Я	Й	Ц	П	М	Ф	А
Ъ	Р	Ш	Х	Н	С	Ф	Е	О	Ж	Ъ	Н	Д	Н
У	А	Н	Ш	К	К	Й	Ю	Р	Т	В	Й	Д	О
И	Ч	О	П	Н	Р	У	Ю	Ч	Е	Ш	О	Ц	Г
У	Я	И	Г	Е	Т	А	Р	Т	С	Н	С	Щ	А
М	А	П	А	С	С	Ц	Л	С	Т	О	Ч	К	И
Е	П	М	Т	В	С	И	Ъ	А	Г	Б	Ш	П	Д
Н	О	А	К	С	Н	Л	Л	Ч	Н	Ь	Ю	А	В
Х	Ь	Ш	Я	Ю	Ь	А	В	Т	Р	Е	Ж	С	Л
П	Д	Е	Д	С	Ю	Р	Ч	Ч	Л	Ш	Я	И	А
Т	У	Р	Н	И	Р	К	Б	Я	Л	Ш	К	В	Е
П	Р	А	В	И	Л	А	Р	Г	И	П	В	Е	Г
П	Р	О	Т	И	В	Н	И	К	Ц	Т	Х	Н	Ж

ШАМПИОН
ДИАГОНАЛ
ПРОТИВНИК
УМЕН
КРАЛ
КРАЛИЦА
ЖЕРТВА
ПАСИВЕН
ТОЧКИ

ПРАВИЛА
ЧЕРЕН
ИГРА
ИГРАЧ
СТРАТЕГИЯ
ТУРНИР
БЯЛ
КОНКУРС
ЧАС

74 - Geographie

```
Д А Т Е Т Ю Г Щ О Ж А О Ш О
Ц Ц Р Е В Е С К С Й М С О К
Ш А К Е Р С А А Т С Р А Й Е
Р Б А Ф К И Л И Р М О Р Е А
К В Х Л Ф В Т М О А Ч Ж О Н
М О С В Я Т А О В Н С Ф В П
Е А Н И Р И Ш Т Р О Ж Й Т О
Р Ю П Т Ш А Щ Н О И Г Е Р Л
И П О Х И Ч Д Я Н Р Я А Ч У
Д Г Р А Д Н П Л А Н И Н А К
И И Ь Й А Ь Е З А П А Д Т Ъ
А Н А Р Т С Щ Н Ф Щ Б А Р Л
Н Р Ь У Д У Я Ъ Т Ж Д К А Б
В И С О Ч И Н А В О Щ Щ К О
```

АТЛАС	КОНТИНЕНТ
ЕКВАТОР	СТРАНА
ПЛАНИНА	МОРЕ
ШИРИНА	МЕРИДИАН
РЕКА	СЕВЕР
ТЕРИТОРИЯ	ОКЕАН
ПОЛУКЪЛБО	РЕГИОН
ВИСОЧИНА	ГРАД
ОСТРОВ	СВЯТ
КАРТА	ЗАПАД

75 - Zahlen

```
П С Е Д Е М Н А Д Е С Е Т Я
Е Т Е С Е Д А Н И Р Т Х Д Д
Т Н У Л А Х Д С Т Ф О С В Х
Н Н Ф Р Д Г Щ Е Ф И Х Ц Е О
А Ш Д Т Е С Е Д А Н Т С Е Ш
Д А В Б Ж В П Е Д Л Ц П Е Т
Е М А Я И Ь Л М Ь Е Н Я К Б
С Д Д Ф Р Ц Г Е Ш М С Ь Щ Ч
Е Н Е Ч И Т Е С Е Д Ш Е К Й
Т К С Я Т Ц Ъ О Е С Е Ъ Т К
Т Т Е С Е Д А Н И Р И Т Е Ч
Т Р Т В Ч Д Е В Е Т Б Т Ч М
О Н И О С Е М Н А Д Е С Е Т
Р Щ Д Е В Е Т Н А Д Е С Е Т
```

ОСЕМ	ШЕСТ
ОСЕМНАДЕСЕТ	ШЕСТНАДЕСЕТ
ДЕСЕТИЧЕН	СЕДЕМ
ТРИ	СЕДЕМНАДЕСЕТ
ТРИНАДЕСЕТ	ЧЕТИРИ
ПЕТ	ЧЕТИРИНАДЕСЕТ
ПЕТНАДЕСЕТ	ДЕСЕТ
ДЕВЕТ	ДВАДЕСЕТ
ДЕВЕТНАДЕСЕТ	ДВЕ
НУЛА	

76 - Tage und Monate

```
В Т О Р Н И К Д Ж П О С Р Б
И Й С В Д И Ъ Е Й О К Е П Ъ
Х И Ц Ф Е Ш Т К П Н Т Д Л Ц
А В Г У С Т Р Е Е Е О М М Ъ
Н Т Ж Ф Т Ю Ъ М Т Д М И И Т
И М О О Л Л В В Ъ Е В Ц Р Ж
Д К Г Б Ю И Т Р К Л Р А В Й
О В П Х Ъ В Е И М Н И Ю М И
Г Ю У Д А С Ч Ю Т И Р М Е Р
С Р Я Д А Щ Ч Ш Н К В И Т А
Ф Е В Р У А Р И К И М О П У
М Е С Е Ц Ж Е А Я Л Е Д Е Н
К А Л Е Н Д А Р Р Ж О Ш С Я
С Х Ш Я И Л Ч Щ М Ф Н У С Х
```

АВГУСТ	КАЛЕНДАР
ДЕКЕМВРИ	СРЯДА
ВТОРНИК	МЕСЕЦ
ЧЕТВЪРТЪК	ПОНЕДЕЛНИК
ФЕВРУАРИ	НОЕМВРИ
ПЕТЪК	ОКТОМВРИ
ГОДИНА	СЪБОТА
ЯНУАРИ	СЕПТЕМВРИ
ЮЛИ	НЕДЕЛЯ
ЮНИ	СЕДМИЦА

77 - Zu Füllen

С	В	Ш	П	М	Ц	Ш	Ц	Щ	Н	Н	Е	П	Л
Ц	И	Л	Е	Т	О	У	К	А	А	З	А	В	Ч
Р	П	Ц	Е	Я	Д	П	Л	И	К	Й	Ц	Е	Е
Ь	А	Б	Ъ	Р	Т	П	Ь	Б	Р	К	Г	Ц	К
Г	П	Ф	К	Л	Ю	Т	А	Ь	У	Д	Ъ	А	М
О	К	Ш	У	О	Б	Е	П	Ь	Б	О	Ж	Д	Е
Ш	А	Ф	О	К	Р	К	С	Щ	Б	У	И	К	Д
И	Ш	Т	А	Ю	Д	А	В	Б	Б	Ъ	П	Ж	Ж
Ш	Ц	Р	Б	Я	Ч	П	Б	Ю	Д	Б	Х	Л	Е
Е	Т	А	В	А	К	О	Ш	Н	И	Ц	А	Е	Ю
Ь	Ш	В	Н	Б	Ш	Б	А	С	Е	Й	Н	Л	И
Х	Б	Н	Н	П	Ф	А	Б	Ъ	Х	П	А	Ж	Щ
К	У	Т	И	Я	И	К	Н	Ф	Г	И	В	Ь	Б
Й	А	Б	Ч	К	А	Й	П	Я	Д	Ф	В	Ю	Х

БАСЕЙН
КУТИЯ
КОФА
ЦЕВ
ШИШЕ
ЩАЙГА
КУФАР
КОШНИЦА
БУРКАН
ПАПКА

ПАКЕТ
ТРЪБА
КОРАБ
ЧЕКМЕДЖЕ
ТАВА
ДЖОБ
ПЛИК
ВАЗА
ВАНА

78 - Das Unternehmen

```
П Р Е З Е Н Т А Ц И Я Х П Т
Г Л О Б А Л Е Н Л Л Р Н Ж Ю
Е Д И Н И Ц И И С Р У С Е Р
К А Ч Е С Т В О Н Д Ъ Е Я И
Х Р Ш Д О Ь К Ъ Д Е Р П А Н
Б П Р О Д У К Т Ю Ц Ш Ъ Т Д
И К С Р О Т А В О Н Т Е Щ У
З П Р И Х О Д И Ь Д С Ш Р С
Н Е Л А Н О И С Е Ф О Р П Т
Е В О К С И Р Ж Б Ж Т Щ П Р
С З А П Л А Т И У Х Е Л Ю И
В Ъ З М О Ж Н О С Т А У К Я
И Н В Е С Т И Ц И Я З Х Ц И
Т В О Р Ч Е С К И Й Б М Ю Ж
```

ЗАЕТОСТ	ТВОРЧЕСКИ
ЕДИНИЦИ	ЗАПЛАТИ
ПРИХОДИ	ВЪЗМОЖНОСТ
РЕШЕНИЕ	ПРЕЗЕНТАЦИЯ
НАПРЕДЪК	ПРОДУКТ
БИЗНЕС	ПРОФЕСИОНАЛЕН
ГЛОБАЛЕН	КАЧЕСТВО
ИНДУСТРИЯ	РЕСУРСИ
НОВАТОРСКИ	РИСКОВЕ
ИНВЕСТИЦИЯ	

79 - Kräuterkunde

```
Ч Ц Ш О В К У С Ш Л Ф К П Г
Ю А А Л У Д Н А В А Л Р О Р
Ц Ъ У И У М А Щ Е Р К А Л А
К В П И Ж Ч Р О Д Ъ Й Е Е Д
Г А У А Ь Х Ф Ъ Ж П Н Д З И
Ч Н Ч Я М В А Ч В О О Д Н Н
Ц Е Н Е Р С Ш Е Н К Г Ж О А
В Л С И С О М А Г Д А Н О З
Е Е Ф Ъ О Т З Л Щ О Р А Ж Ч
Т З Щ О Н В В М Л Я Т Г Ф Й
Е И Щ К Ъ Й С О А У С И Я Ф
А Р О М А Т Е Н П Р Е Р Ж Щ
Ь К У Л И Н А Р Е Н И М К Я
Б О С И Л Е К Ж Е Ъ В Н Ъ Ъ
```

АРОМАТЕН	КУЛИНАРЕН
БОСИЛЕК	ЛАВАНДУЛА
ЦВЕТЕ	РИГАН
ЕСТРАГОН	МАГДАНОЗ
КОПЪР	КАЧЕСТВО
ГРАДИНА	РОЗМАРИН
ВКУС	ШАФРАН
ЗЕЛЕН	МАЩЕРКА
ЧЕСЪН	ПОЛЕЗНО

80 - Aktivitäten und Freizeit

```
К  И  Х  П  Л  Ч  И  Р  С  У  Б  Ю  Е  Б
Ъ  З  Т  О  О  Ю  М  М  Ъ  Г  О  П  Б  А
М  К  У  Я  Б  Г  Щ  Ш  Р  П  К  Ж  Ф  С
П  У  Р  П  З  И  Я  Ч  Ф  А  С  М  Д  К
И  С  И  Ч  Й  Щ  Т  Л  И  З  И  Ф  Ю  Е
Н  Т  З  П  Е  Б  Ц  А  Р  А  Н  У  И  Т
Г  В  Ъ  Е  Б  Ш  Ь  Д  А  Р  Е  Т  Л  Б
С  О  М  П  Н  Т  С  Л  Н  У  Т  Б  О  О
П  Ъ  Т  У  В  А  М  Р  Е  В  С  О  Б  Л
Т  К  Ъ  Д  Д  Ч  В  Г  М  А  Г  Л  Й  Д
Р  И  Б  О  Л  О  В  У  Е  Н  В  О  Е  К
А  Щ  А  Р  И  С  К  А  Л  Е  Р  Ф  Л  Ц
А  Г  М  У  Р  К  А  Н  Е  П  П  В  О  Ф
Ж  И  В  О  П  И  С  Ф  М  Й  Ц  У  В  Ж
```

РИБОЛОВ	ХОБИТА
БЕЙЗБОЛ	ИЗКУСТВО
БАСКЕТБОЛ	ПЪТУВАМ
БОКС	ПЛУВАНЕ
КЪМПИНГ	СЪРФИРАНЕ
ПАЗАРУВАНЕ	ГМУРКАНЕ
РЕЛАКСИРАЩА	ТЕНИС
ФУТБОЛ	ВОЛЕЙБОЛ
ЖИВОПИС	ТУРИЗЪМ
ГОЛФ	

81 - Formen

```
Т Р И Ъ Г Ъ Л Н И К Х Ц О Р
Т К Б А Г Д Ъ Г А Ш Ь У В Б
У И Ц Л П С И Ж Ъ Е А К Я Г
С Н Е О Б У К П О Л И Г О Н
П Л К Б Ф Н Ц И Л И Н Д Ъ Р
Р Ъ А Р Ч О Ж Н А Л Ш С Щ Ж
И Г Д Е Ъ К Щ Б Ш Ш Д Ь О О
З Ъ И П М Г В Р Ъ Б О В Е В
М О М И О Г Ъ А С П И Л Е А
А В А Ъ Ж Ъ Р Л Д Р Р Ъ Н Л
Щ А Р Ч Л И Н И Я Р Ф Г Ш П
К Р И В А О Ю И Р Ф А Ъ В Ж
Р П П С Т Р А Н А Е Ш Т Г Ф
Ч Р Ч Щ Р Е А Н Т К Р Ъ Г К
```

ДЪГА	ОВАЛ
ТРИЪГЪЛНИК	ПОЛИГОН
ЪГЪЛ	ПРИЗМА
ЕЛИПСА	ПИРАМИДА
ХИПЕРБОЛА	КВАДРАТ
РЪБОВЕ	ПРАВОЪГЪЛНИК
КОНУС	КРЪГЪЛ
КРЪГ	СТРАНА
КРИВА	КУБ
ЛИНИЯ	ЦИЛИНДЪР

82 - Musik

```
Ц Щ Х Ь Л Р М П К Ц И Х Т Ю
А Д А Л А Б И И Е У Г О Е Я
М П Р Т Л К Ь Т К В Ж Р М К
У О М К Т Я У Ш Ъ Р Е А П Ъ
З Е О З А П И С Т М О Ц О М
И Т Н Е Ч И М Т И Р О Ф Й Н
К И И К С Е Ч И С А Л К О Щ
А Ч Я И Д О Л Е М Ц Л М И Н
Н Е Е О П Е Р А П Б А Ф Е О
Т Н П Й Ю О П Х Р Ъ Л К Ч Д
И Н С Т Р У М Е Н Т Б Й У Г
Л И Р И Ч Е Н П Р Ц У Ж И В
М У З И К А Л Е Н Г М Ю Г М
И М П Р О В И З И Р А М Ш Ф
```

АЛБУМ	МИКРОФОН
ЗАПИС	МУЗИКАЛЕН
БАЛАДА	МУЗИКАНТ
ХОР	ОПЕРА
ХАРМОНИЯ	ПОЕТИЧЕН
ИМПРОВИЗИРАМ	РИТМИЧЕН
ИНСТРУМЕНТ	РИТЪМ
КЛАСИЧЕСКИ	ПЕВЕЦ
ЛИРИЧЕН	ПЕЯ
МЕЛОДИЯ	ТЕМПО

83 - Antiquitäten

```
Н Е Ч И Т Н Е Т В А П Б Ш В
Е И Н В Е С Т И Ц И Я Е Х Ъ
В Б И Ж У Т А Х Ъ Й И Ю Ь С
И И Й Г М Б Ш Ш Ф С Т И Л Ц
Т Н Д Р А М О Н Е Т И С А Р
А И Н Ъ О Л С Т О Й Н О С Т
Р Т Ш Т В Н Е Т Н А Г Е Л Е
О Р В Ж Т Р Ц Р А Т С В А М
К А Ч Е С Т В О И Л Е Б Е М
Е К Е И У Ж Ч П А Я Й А Т К
Д В Ъ Е К Е Н Т У С И А С Т
Й Т Й Ш З Ф Н В Ц Ж Ц Е Н А
Н Е О Б И Ч А Е Н Д П Г П Т
С К У Л П Т У Р А Щ Е Б Н Ш
```

СТАР	МЕБЕЛИ
АВТЕНТИЧЕН	МОНЕТИ
ДЕКОРАТИВЕН	ЦЕНА
ЕЛЕГАНТЕН	КАЧЕСТВО
ЕНТУСИАСТ	БИЖУТА
ГАЛЕРИЯ	СКУЛПТУРА
КАРТИНИ	СТИЛ
ИНВЕСТИЦИЯ	НЕОБИЧАЕН
ВЕК	ТЪРГ
ИЗКУСТВО	СТОЙНОСТ

84 - Adjektive #2

```
П О Ц Ь Н Е Т Н А Г Е Л Е П
Р Н П П Р Е С Е Н О П О С Р
О С Д И Н Д Я Ш А Р Д Т Ф И
Д Е Г Р С Ь Я Р Е Д Й Г Ю Р
У Р Ц Л А А С И Л Е Н О Н О
К Е Ь Ж А М Т О Ж И Е В И Д
Т Т Х А Я Д А Е Р К Ч О Д Е
И Н Е Л О С Е Т Л С И Р Я Н
В И С И И В Д Н И Е Т Е Ц М
Н Е Т С Е В З И Е Ч Н Н Й У
И Н О Р М А Л Е Н Р Е Е Д П
Ж Ь Н С Ч Р Ь Н К О Т Н Н Н
Б В Ц У Ш Д И Й Г В В О Н Х
О Ъ М Л П З Ъ Я Х Т А У Е Х
```

АВТЕНТИЧЕН	ТВОРЧЕСКИ
ИЗВЕСТЕН	ПРИРОДЕН
ОПИСАТЕЛЕН	НОВ
ДРАМАТИЧЕН	НОРМАЛЕН
ЕЛЕГАНТЕН	ПРОДУКТИВНИ
ЯДНИ	СОЛЕН
ПРЕСЕН	СИЛЕН
ЗДРАВ	ГОРД
ГЛАДЕН	ОТГОВОРЕН
ИНТЕРЕСНО	ДИВ

85 - Kleidung

П	Р	Ш	М	О	Д	А	К	В	У	Б	О	П	Ю
Д	Ъ	В	А	П	О	Л	А	Б	И	Д	Ф	У	А
Н	К	А	Ц	П	Е	И	Л	О	К	Ф	Ч	Л	М
О	А	Я	Е	Ч	К	Г	О	Б	Р	Ч	Р	О	А
С	В	Л	А	Ш	Я	А	Е	И	Х	П	Р	В	Ж
Ц	И	К	О	Ц	Н	П	Ю	Ж	Т	Ю	И	Е	А
Щ	Ц	О	К	К	Г	А	З	У	Л	Б	З	Р	К
Ч	И	Р	У	Б	Г	Л	М	Т	Е	Б	А	Р	Л
Г	Р	И	В	Н	А	Т	Ч	А	Д	Ъ	Н	К	И
Л	Ъ	Е	Т	А	В	О	Н	П	Ж	Ь	Р	Х	Т
Г	Ш	Л	Ж	Е	К	Т	Ю	П	Л	И	Ц	Х	С
Г	Х	Б	И	Н	О	Л	А	Т	Н	А	П	Ь	Е
Ж	Я	Е	Ф	Ш	Е	И	И	Ц	Ъ	Я	Е	Щ	Р
Д	Ц	Т	Р	Е	Ч	Б	С	Ю	Ц	О	Ш	В	П

ГРИВНА РОКЛЯ
БЛУЗА ПАЛТО
КОЛАН МОДА
КОЛИЕ ПУЛОВЕР
РЪКАВИЦИ ПОЛА
РИЗА ШАЛ
ПАНТАЛОНИ ПИЖАМА
ШАПКА БИЖУТА
ЯКЕ ОБУВКА
ДЪНКИ ПРЕСТИЛКА

86 - Farben

Р	Б	Х	Б	Б	Н	Л	Б	Ш	К	Й	Ц	Щ	О
С	О	Ч	З	Е	Л	Е	Н	А	И	Ц	Ш	Й	Я
Ш	Х	З	С	Ч	О	Е	А	Ш	Я	Ъ	Я	М	Ъ
О	Ж	Ш	О	Ю	Н	В	Ц	Ь	Е	В	С	С	У
С	Ф	Ъ	К	В	Е	Ж	Н	А	Р	О	С	И	Д
Т	К	А	Л	Ъ	В	О	Ж	Е	Б	Ф	Н	Н	Ж
Р	И	Ф	У	Т	Р	Я	Н	К	Н	О	Е	Д	М
Ъ	Ю	Ф	С	Г	Е	Е	Т	А	Т	Б	Р	И	Х
С	И	В	И	Е	Ч	Ш	В	В	В	И	У	Г	А
Л	И	Ф	Н	Е	Р	Е	Ч	Я	М	Ч	З	О	Ч
В	И	О	Л	Е	Т	О	В	М	Ф	К	А	Е	Е
Б	Д	А	И	С	Е	П	И	Я	В	А	Л	И	Л
Я	И	Я	Х	Ш	Г	Щ	И	Й	Х	И	К	К	Ь
Л	Ш	Н	Ф	У	Д	Б	К	Щ	Й	Ф	Х	Н	М

ЛАЗУРЕН	ЛИЛАВ
БЕЖОВ	ОРАНЖЕВ
СИН	РОЗОВ
КАФЯВ	ЧЕРВЕН
ОБИЧКА	ЧЕРЕН
ЖЪЛТ	СЕПИЯ
СИВ	ВИОЛЕТОВ
ЗЕЛЕН	БЯЛ
ИНДИГО	ЦИАН

87 - Haus

```
К Ж Ф Л Л Б Ч Т М Д Ц С Ч П
В А О Ь Е Х Ь А Л Ч Х Т Я О
Т Р М Ш И Н С В С В Т А У К
Ч А Е И А Х Ь А П Ш Р Я М Р
Д Г У Д Н Я Е Н А П М А Л И
У С Ч О Л А Д Е Л Г О П Т В
Г Р А Д И Н А Н Н И М О К А
К Л Ю Ч О В Е Ц Я Н Х У К О
М Б И Б Л И О Т Е К А Т Я Г
Е С Б Л М Е Т Л А Д У Ш Й Р
Б Н Т Ш Ь П Р О З О Р Е Ц А
Е Е Л Е П П Я Г П Н Я Ю Й Д
Л Ю В Ъ Н Л Д О Ь Й Ж С М А
И Г А Ъ Я А Ь В Н С Ю П Д Ь
```

МЕТЛА	ЛАМПА
БИБЛИОТЕКА	МЕБЕЛИ
ПОКРИВ	СПАЛНЯ
ТАВАН	КЛЮЧОВЕ
ДУШ	КОМИН
ПРОЗОРЕЦ	ОГЛЕДАЛО
ГАРАЖ	ВРАТА
ГРАДИНА	СТЕНА
КАМИНА	ОГРАДА
КУХНЯ	СТАЯ

88 - Bauernhof #1

```
Г А М М Я Н И В С Х Щ П И Ж
К Б К А В Ч О П О В А Ч И Х
Х Н О Ц Г С Е Н О Д Ж Е К Т
М С Н Ч О А Щ Ь К А А Л О О
Ъ К Л Ч Ж О Р Й О К Д А Т Р
З И Р О Ж Ь М Е Ь К А О К Т
И Е Щ А П И Л Е А Г Р Т А О
У П Е Н В П О Л Е Ь Г Ш А О
С А А А Е А П Д Л Ф О Ю А Р
Ц М О Р Т Е Л Е Н Х Ф Ц Р О
Ь Г Н В Ь Ч Я М Е З Р Ч Ъ О
Щ Г У О Т У В Н Я Р Ш Щ Щ Я
Г Г Я Г Ю К Н Е Д Ч Б Р А У
А У Й А Д Т Е Р Ш К О З А А
```

ПЧЕЛА	КОТКА
ПОЧВА	ВРАНА
ТОР	КРАВА
МАГАРЕ	ЗЕМЯ
ПОЛЕ	КОН
СЕНО	ОРИЗ
МЕД	СВИНЯ
ПИЛЕ	ВОДА
КУЧЕ	ОГРАДА
ТЕЛЕ	КОЗА

89 - Regierung

```
П Л Ш С К Н Е Р И М Ю Д Н С
О И Х П О О А А Н К Т Е Е И
Л Д Й Р Н К У Ц Ш Е М М З М
И Е Н А С А Щ М И Р Н О А В
Т Р Е В Т З Й П Й Я П К В О
И Т Л Е И Р Ж Ь Ч Е Р Р И Л
К Я А Д Т С А Ю К Й А А С Д
А И Н Л У О В В Д М В Ц И Ъ
Н С О И Ц Ю Б О Е Е А И М Р
О У И В И Ф Ъ Ь Б Н Ъ Я О Ж
Ц К Ц О Я Ъ О Т О О С Н С А
Г С А С О Б Л А С Т Д Т Т В
К И Н Т Е М А П Ц Ъ В А В А
В Д Г Р А Ж Д А Н С К И Г О
```

ОБЛАСТ	НАЦИЯ
ДЕМОКРАЦИЯ	НАЦИОНАЛЕН
ПАМЕТНИК	ПОЛИТИКА
ДИСКУСИЯ	ПРАВА
СВОБОДА	РЕЧ
МИРЕН	ДЪРЖАВА
ЛИДЕР	СИМВОЛ
СПРАВЕДЛИВОСТ	НЕЗАВИСИМОСТ
ЗАКОН	КОНСТИТУЦИЯ
РАВЕНСТВО	ГРАЖДАНСКИ

90 - Berufe #1

```
Ш Х А Д В О К А Т Я Б М У В
С И У П С И Х О Л О Г Е А Е
Г П В Д Г Ф П Ю В Л Я Х С Т
У В К А О В Ш К Ч Е П А Т Е
Е Е С Е Ч Ж Щ О Б К Й Н Р Р
А К Р О Ь Ц Н А Т А Р И О И
Т Р Е Н Ь О Р И Ж Р Л К Н Н
М У З И К А Н Т К Ц Р Ю О А
С Ч Е Т О В О Д И Т Е Л М Р
П И А Н И С Т Т И Д Т В И Й
П О С Л А Н И К Ж Ш У Н О Ж
К А Р Т О Г Р А Ф Я Ж Ц У Л
Г Е О Л О Г Н Ш Б Щ И К Ъ Д
Б А Н К Е Р П Ч Х Х Б Р И Л
```

ЛЕКАР	МЕХАНИК
АСТРОНОМ	МУЗИКАНТ
БАНКЕР	ПИАНИСТ
ПОСЛАНИК	ПСИХОЛОГ
СЧЕТОВОДИТЕЛ	АДВОКАТ
ГЕОЛОГ	ШИВАЧ
ЛОВЕЦ	ТАНЦЬОРКА
БИЖУТЕР	ВЕТЕРИНАР
КАРТОГРАФ	ТРЕНЬОР
ХУДОЖНИК	

91 - Adjektive #1

И	В	И	Ъ	Т	Н	Н	Е	В	А	Б	Д	П	А
Д	А	Д	Д	Е	Е	Е	Л	Р	П	В	Ъ	Р	Р
Е	Ж	Е	И	Ж	Ч	Т	В	В	Р	Ф	Л	И	О
А	Н	Н	Й	Ъ	И	Ю	И	И	В	Ш	Б	В	М
Л	О	Т	П	К	Т	Л	Л	С	Н	Т	О	Л	А
Е	Д	И	Й	Б	С	О	Т	А	Е	Е	К	Е	Т
Н	А	Ч	Б	Ш	И	С	С	Р	М	А	Н	К	Е
О	Ъ	Е	Й	Е	Т	Б	А	К	О	К	Е	А	Н
П	Х	Н	Ю	Ш	Р	А	Щ	Л	Р	Т	Т	Т	Т
Ъ	Д	Т	М	Ф	А	Ц	Х	И	Г	И	С	Е	Ъ
М	О	Д	Е	Р	Е	Н	Е	П	О	В	Е	Л	Н
С	К	У	Ю	Щ	Н	Ф	В	Н	И	Е	Ч	Е	Ъ
Я	Х	С	Д	С	Г	В	Ф	Ф	Е	Н	Д	Н	К
Щ	Б	Н	Р	Ж	Ц	Ш	Р	Е	О	Н	М	Ъ	Т

АБСОЛЮТЕН	БАВЕН
АКТИВЕН	МОДЕРЕН
АРОМАТЕН	ИДЕАЛЕН
ПРИВЛЕКАТЕЛЕН	ОГРОМЕН
ТЪМНО	КРАСИВ
ТЪНЪК	ТЕЖЪК
ЧЕСТЕН	ДЪЛБОК
ЩАСТЛИВ	НЕВИНЕН
ИДЕНТИЧЕН	ЦЕНЕН
АРТИСТИЧЕН	ВАЖНО

92 - Geometrie

```
И  И  З  М  Е  Р  Е  Н  И  Е  С  Т  М  Ю
Е  З  А  К  М  Б  Г  И  М  А  Е  Ь  В  Ш
Ъ  Щ  Ч  О  Р  Е  М  О  Н  М  Г  Ш  Ц  Б
Ч  Г  Ф  И  И  И  Ж  Н  Н  М  М  С  Щ  Ф
Щ  Ь  Ъ  Я  С  Д  В  У  Ю  М  Е  Ю  Ц  В
Ц  Н  Х  Л  Я  Л  У  А  М  Щ  Н  Т  Т  Ж
Л  О  Г  И  К  А  Е  Д  А  Щ  Т  А  Й  Ц
Р  А  Н  Е  Л  А  Т  Н  О  З  И  Р  О  Х
Р  К  А  Н  И  Ч  О  С  И  В  М  Д  Т  Ю
Е  И  Н  Е  Н  В  А  Р  У  Е  А  А  Е  С
Ю  Л  И  Д  И  К  Р  Ъ  Г  А  С  В  О  Б
С  И  М  Е  Т  Р  И  Я  И  Я  А  К  Р  Р
В  Р  Ъ  Т  Е  М  А  И  Д  О  Ь  Ч  И  И
К  П  П  О  В  Ъ  Р  Х  Н  О  С  Т  Я  Щ
```

ИЗЧИСЛЕНИЕ	МАСА
ИЗМЕРЕНИЕ	НОМЕР
ДИАМЕТЪР	ПОВЪРХНОСТ
УРАВНЕНИЕ	ПРИЛИКА
ХОРИЗОНТАЛЕН	КВАДРАТ
ВИСОЧИНА	СЕГМЕНТ
КРЪГ	СИМЕТРИЯ
КРИВА	ТЕОРИЯ
ЛОГИКА	ЪГЪЛ

93 - Jazz

```
К О Н Ц Е Р Т П Ю Ь Н Ь Г Я
Н Ф Ц С К Ь Р Ш Е Р К С Х В
М У З И К А Н Т И С У А Н М
Е Т Е Х Н И К А Я Ъ Е Р О О
И Д Р Е Ф Ш П Я Ц П О Н Ж Р
Ж С О Ъ Ф К И Г Ъ Д А Я О К
М И Т Н Е М С И Д О Л П А Е
У У И А С О Л О Н О В И Л С
Б Т З М Р Ь И Д Р Ч Л Е Ю Т
Л А О И Н Е Т С Е В З И Б Ъ
А Л П Г К Н С Й Ю М Ъ Т И Р
П А М Я Н А Р Н Й М Х Щ М Д
О Н О Ж А Н Р Щ И У Ш Щ И Л
К Т К И Н Ж О Д У Х К Ю Б К
```

АЛБУМ	МУЗИКА
СТАР	МУЗИКАНТИ
АПЛОДИСМЕНТИ	НОВ
ИЗВЕСТЕН	ОРКЕСТЪР
ЛЮБИМИ	РИТЪМ
ЖАНР	СОЛО
КОМПОЗИТОР	СТИЛ
КОНЦЕРТ	ТАЛАНТ
ХУДОЖНИК	ТЕХНИКА
ПЕСЕН	

94 - Messungen

```
К  В  И  С  О  Ч  И  Н  А  Б  Ь  Ф  Д  Б
Д  И  Л  Т  Д  У  Ч  Е  Д  Ъ  А  Й  Б  Б
Ъ  Я  Л  Д  Ъ  Л  Ж  И  Н  А  О  Й  Н  А
Л  П  Б  О  Л  Г  Е  Т  Д  Ч  Ь  Ш  Т  К
Б  А  С  А  М  Д  Е  С  Е  Т  И  Ч  Е  Н
О  Ш  Х  Г  К  Е  Ш  Т  П  О  Б  Н  П  А
Ч  И  Т  Р  Ф  С  Т  Б  Ж  И  Ю  И  Ъ  Г
И  Р  Е  А  П  Я  М  Ъ  У  А  Щ  А  Д  Р
Н  И  М  М  П  Б  Ь  Ь  Р  Ъ  Т  И  Л  А
А  Н  И  С  А  Н  Т  И  М  Е  Т  Ъ  Р  Д
Ь  А  Н  Е  У  Н  Ц  И  Я  Ф  И  П  Ф  У
Ш  Ц  У  У  Ш  Р  Ъ  Т  Е  М  У  Ж  Й  С
П  Ж  Т  Ь  Я  Ф  Ь  В  О  У  Ж  Л  М  Ю
С  М  А  Р  Г  О  Л  И  К  Н  Ф  Ю  Ж  М
```

ШИРИНА	ЛИТЪР
БАЙТ	МАСА
ДЕСЕТИЧЕН	МЕТЪР
ТЕГЛО	МИНУТА
ГРАДУС	ДЪЛБОЧИНА
ГРАМ	ТОН
ВИСОЧИНА	УНЦИЯ
КИЛОГРАМ	САНТИМЕТЪР
КИЛОМЕТЪР	ИНЧ
ДЪЛЖИНА	

95 - Boxen

```
В  Ъ  Ж  Е  Т  А  Е  Б  Д  У  У  А  Р  З
А  Б  Р  Р  Ъ  Д  Г  О  Р  Р  Х  У  Ъ  В
Т  Ю  Я  К  К  У  Р  М  Ю  Х  К  Ж  К  Ъ
П  Я  Г  Я  А  О  Ц  А  Е  Л  Ь  Б  А  Н
У  Р  Л  Щ  Л  Р  Е  Ф  Е  Р  Р  Ю  В  Е
О  М  О  О  Я  Ю  Б  Б  О  Е  Ц  У  И  Ц
Б  Б  Д  Т  Ь  Т  Ъ  С  И  Л  А  М  Ц  А
С  Р  Щ  З  И  Ь  Р  Н  Ф  Й  К  Е  И  Е
Д  Ч  А  И  Ш  В  З  Ъ  Г  Ъ  Л  Ц  К  Я
О  Ь  Г  Д  Ь  А  Н  Ш  М  Ю  С  Ъ  Ч  Н
П  Ж  Т  Щ  И  К  Е  И  Н  Е  М  У  О  Щ
Д  Г  Ю  Ь  Л  Ч  А  Ю  К  Х  Х  М  Т  В
И  Щ  П  А  С  У  К  О  Ф  Ю  И  Ц  Б  Ц
Я  И  Н  А  В  Я  Н  А  Р  А  Н  Д  Ж  А
```

ЪГЪЛ	БОЕЦ
ЛАКЪТ	БРАДИЧКА
ИЗТОЩЯ	ТЯЛО
ЮМРУК	ТОЧКИ
УМЕНИЕ	РЕФЕР
ФОКУС	БЪРЗ
ПРОТИВНИК	ВЪЖЕТА
ЗВЪНЕЦ	СИЛА
РЪКАВИЦИ	НАРАНЯВАНИЯ

96 - Psychologie

```
К М Т Е Н А М Е И Р П З Ъ В
В Л К О Н Ф Л И К Т О И П П
Ь Л И П Р Ш А Т Ч С З Д О Р
Г П И Н Х Т Ц Ч В О Н Е Д О
С Ъ Ч Я И Ю М Е С Н А И С Б
П П Ф И Н Ч Х М Ч Ч Н Я Ъ Л
О Е О Щ Ж И Е Л О И М З Е
В С В М С А Я Н Ч Л Е Ф Н М
Е А Т Т Е У С Е Щ А Н Е А М
Д Е С К С Н О Ц Е Н К А Т И
Е Г Т Ч В К И Ц И Т Н Я Е С
Н О Е Т Е Р А П И Я Ч Е Л Л
И Л Д Р Е А Л Н О С Т Г Н И
Е Б Е З С Ъ З Н А Н И Е О О
```

ОЦЕНКА	КОНФЛИКТ
БЕЗСЪЗНАНИЕ	ЛИЧНОСТ
ЕГО	ПРОБЛЕМ
ВЛИЯНИЯ	УСЕЩАНЕ
СПОМЕНИ	ТЕРАПИЯ
МИСЛИ	МЕЧТИ
ИДЕИ	ПОДСЪЗНАТЕЛНО
ДЕТСТВО	ПОВЕДЕНИЕ
КЛИНИЧЕН	ВЪЗПРИЕМАНЕ
ПОЗНАНИЕ	РЕАЛНОСТ

97 - Bauernhof #2

```
П Т Н А П О Я В А Н Е Б Т Ц
Т Щ Ц О У И Н Т О В И Ж Р А
П Л Е В Н Я К Щ Б В Я Ц А Р
П Л О Д О В Е О Х П Ц О К Е
Ж Б Р О Ф К Н К Ш Ч Я А Т В
Б Ь Т В Е Й Г Я Д Е Ч Ц О И
Г Ч Р Ч Р Ю А Л К Ц Р И Р Ц
Ъ Ъ Р А М Л Ю М Щ Р Р Т Н А
Ш Д С Р Е А Х Р А Н А А Х Н
Л Ж Е К Р М К Ц С Т Е П Н Й
Т Т Ф К И А З Е Л Е Н Ч У К
П Ш Е Н И Ц А Е Ч Е М И К И
О Х Ж М К Л И В А Д А Ь П Ю
Ъ Г И К К О П И Ф Л Р М Р Д
```

ФЕРМЕР	АГНЕ
НАПОЯВАНЕ	ЦАРЕВИЦА
КОШЕР	МЛЯКО
ПАТИЦА	ОВЦА
ХРАНА	ОВЧАР
ПЛОДОВЕ	ПЛЕВНЯ
ГЪСКИ	ЖИВОТНИ
ЗЕЛЕНЧУК	ТРАКТОР
ЕЧЕМИК	ПШЕНИЦА
ЛАМА	ЛИВАДА

98 - Berufe #2

```
Ф Е Л Е Т А Т Е Р Б О З И Е
Р Л Е Ж У Р Н А Л И С Т Г Е
А С Т Р О Н А В Т Щ Ч А Р Ч
К И А Д Ф О Т О Г Р А Ф У М
Е Л В Р Е Н Е Ж Н И Ю Ф Р С
Л Ю О А Л Т Х У Д О Ж Н И К
О С Д Н Ф И Е Ю Щ Щ Ф М Х Б
Б Т Е И И Д Н К Ю Д Й Г Ц Ь
Ъ Р Л Д Л П О Г Т Л Ю А В Д
З А С А О Х В Н В И Е Л Д Ф
О Т З Р С И И С С И В К Щ А
В О И Г О Л О И Б Х С Ш А И
М Р Н Ю Ф У Ч И Т Е Л Т Н Р
М Ю Ж П И Л О Т Ю Б Й Е Ц Л
```

ЛЕКАР	ИЛЮСТРАТОР
АСТРОНАВТ	ИНЖЕНЕР
БИОЛОГ	ЖУРНАЛИСТ
ХИРУРГ	УЧИТЕЛ
ДЕТЕКТИВ	ЛИНГВИСТ
ИЗОБРЕТАТЕЛ	ХУДОЖНИК
ИЗСЛЕДОВАТЕЛ	ФИЛОСОФ
ФОТОГРАФ	ПИЛОТ
ГРАДИНАР	ЗЪБОЛЕКАР

99 - Wetter

```
А Т Ю К Ь К Г О Р М А Л К Ш
Т Е Б Е Н С Ж Ъ И Л Щ О Л С
М М Л В А У Ь Ч Й Ч У Д И П
О П М С Г Ш Й Т Д Ъ Г А М О
С Е Г Ч А А Ж Д Ю Л Й Н А В
Ф Р Б Ю Р Е Ж О Ж Ь К Р Т И
Е А Р А У Ю Б У Р Я О Я М
Р Т О Ъ И Н О С У М Д Т Х Р
А У Б С Т Р О П И Ч Е С К И
Х Р Л Г К Я Х Й И А Л Г Ъ М
С А А Ь П Л В Н П Ц С Д Д Ъ
Ъ У К Н Е О К О П С Г Ь Ч Р
Я Е Х У Ю П Е Ю Й У Й Щ В Г
О В Ш Е Ю К Ч Й С Ш Ф А Ю В
```

АТМОСФЕРА	ПОЛЯРНИ
ЦИП	ДЪГА
ГРЪМ	СПОКОЕН
СУША	БУРЯ
ЛЕД	ТЕМПЕРАТУРА
НЕБЕ	ТОРНАДО
УРАГАН	СУХ
КЛИМАТ	ТРОПИЧЕСКИ
МУСОН	ВЯТЪР
МЪГЛА	ОБЛАК

100 - Chemie

```
И К Ц Ч П Х И Х В Е К Ш У Е
Ю Ж И Л Я А Р Ш О Л И Ь Ч Л
Ц Х Ч С П Я К Х Д Е С У Ь Т
В Б Щ Н Е Р Д Я О К Л С Й Е
И П Щ Р О Л Х П Р Т О Е И Г
Н О Й О Х Т И А О Р Р Х Ш Л
Ч Й Х П Ю О Ж Н Д О О В Е О
И Т Е Ч Н О С Т А Н Д Ъ Н А
Н Т О П Л И Н А С О Л Г З Л
А Р У Т А Р Е П М Е Т Л И К
Г Д Р Ш А Я Ж Р Г Ч Л Е М А
Р Е А К Ц И Я А С А Х Р Е Л
О М О Л Е К У Л А Р З О Е Н
К А Т А Л И З А Т О Р Д Ц А
```

АЛКАЛНА	ВЪГЛЕРОД
ХЛОР	МОЛЕКУЛА
ЕЛЕКТРОН	ЯДРЕН
ЕНЗИМ	ОРГАНИЧНИ
ТЕЧНОСТ	РЕАКЦИЯ
ГАЗ	СОЛ
ТЕГЛО	КИСЛОРОД
ТОПЛИНА	КИСЕЛИНА
ЙОН	ТЕМПЕРАТУРА
КАТАЛИЗАТОР	ВОДОРОД

1 - Gesundheit und Wellness #2

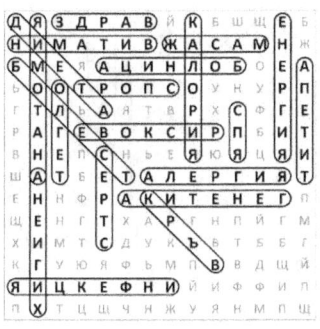

2 - Ozean

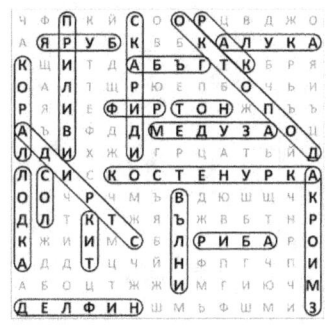

3 - Meditation

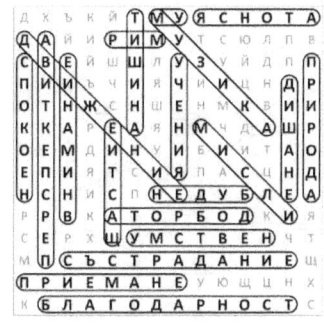

4 - Archäologie

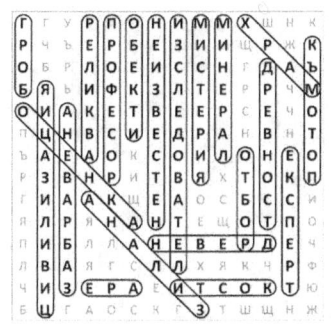

5 - Insekten

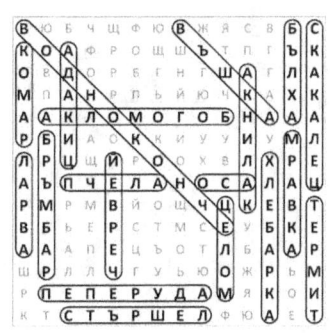

6 - Gesundheit und Wellness #1

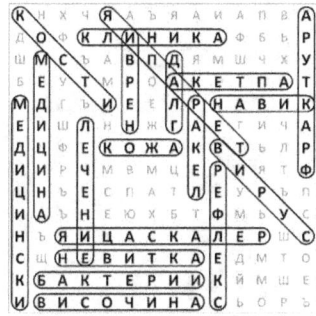

7 - Obst

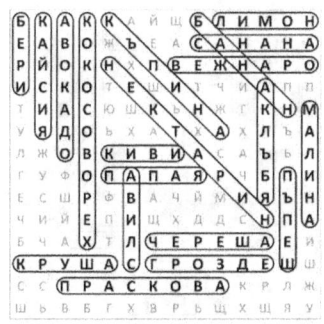

8 - Universum

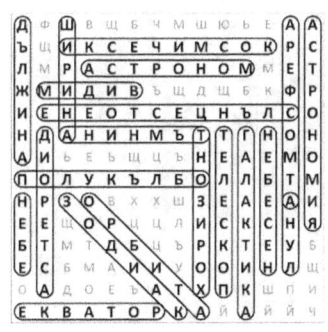

9 - Camping

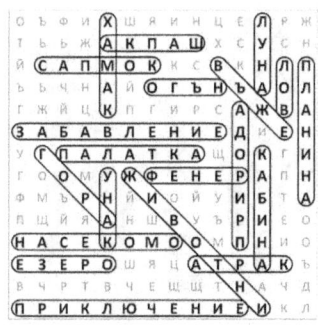

10 - Zeit

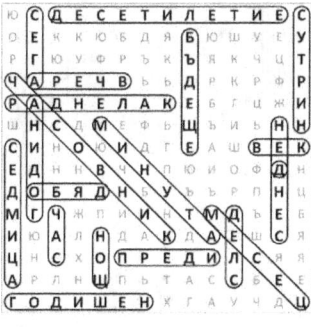

11 - Säugetiere

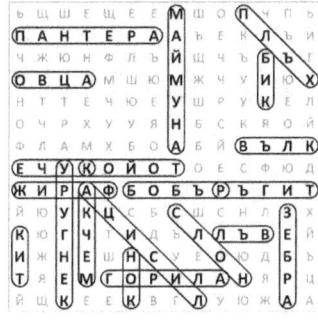

12 - Algebra

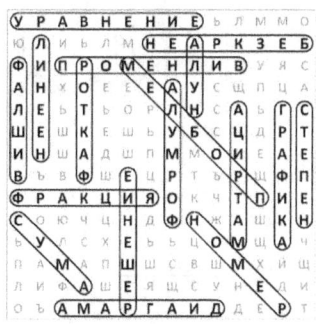

13 - Diplomatie

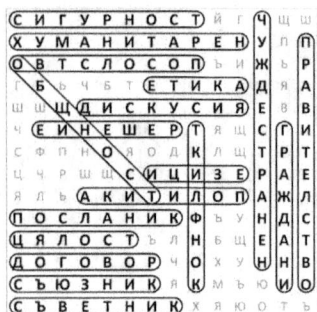

14 - Astronomie

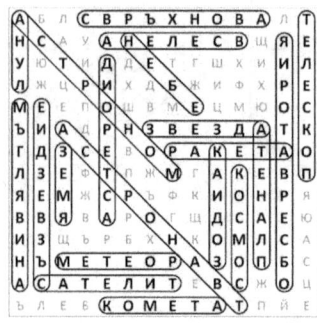

15 - Ballett

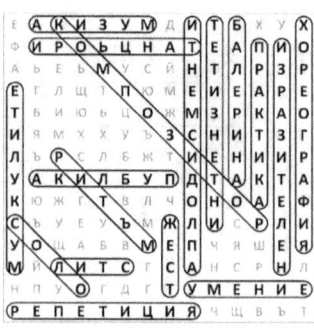

16 - Geologie

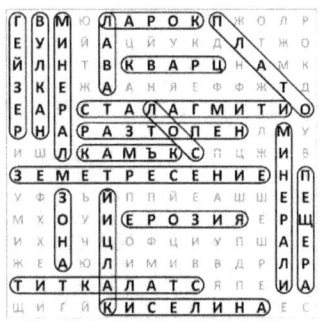

17 - Wissenschaft

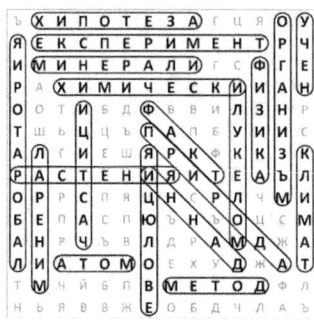

18 - Bildende Kunst

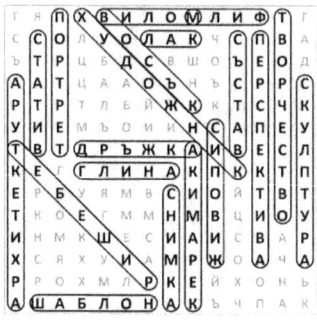

19 - Mythologie

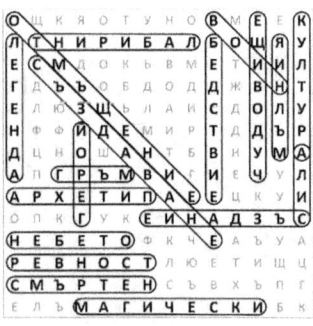

20 - Kraft und Schwerkraft

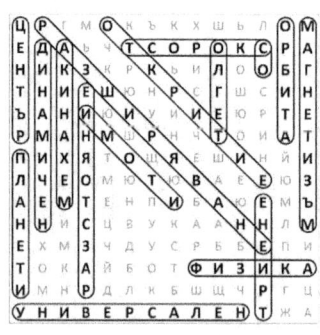

21 - Restaurant #2

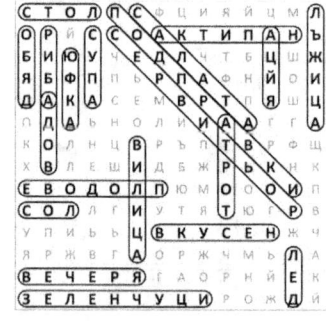

22 - Ökologie

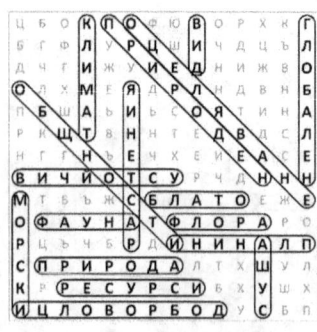

23 - Schokolade

24 - Boote

25 - Stadt

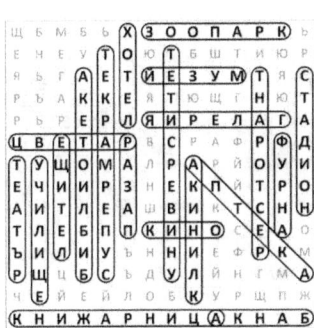

26 - Aktivitäten

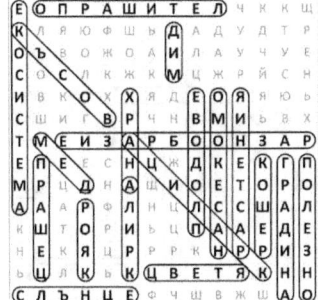

27 - Bienen

28 - Wissenschaftliche

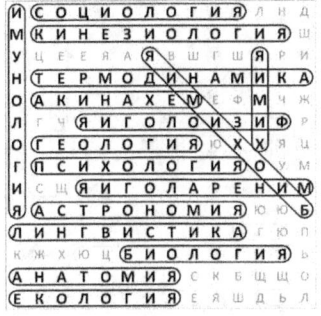

29 - Vögel

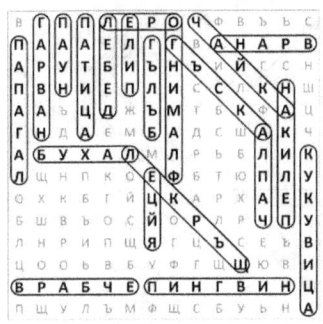

30 - Elektrizität

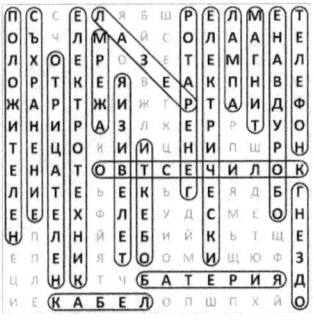

31 - Antarktis

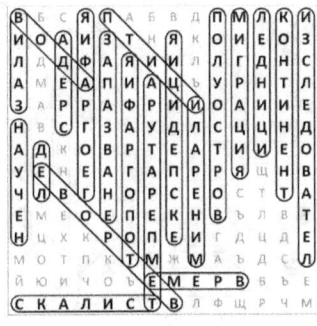

32 - Fahren

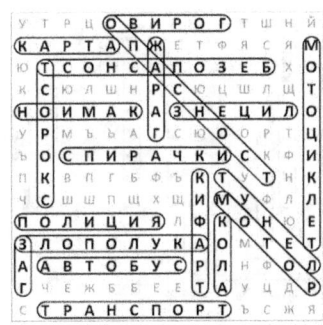

33 - Physik

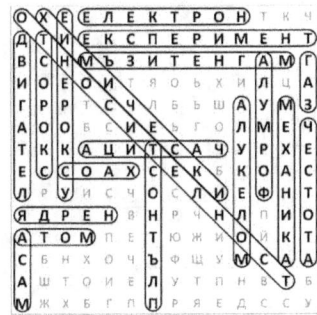

34 - Bücher

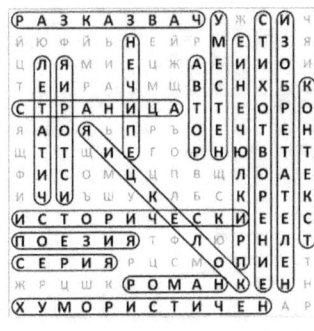

35 - Menschlicher Körper

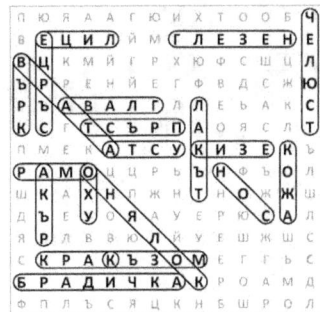

36 - Klettern

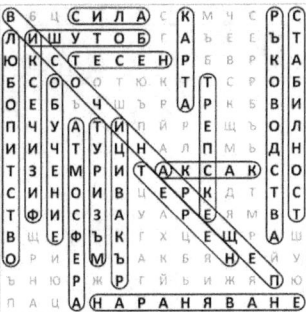

37 - Landschaften

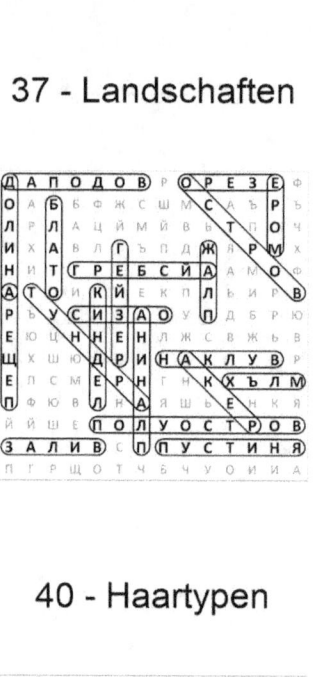

38 - Abenteuer

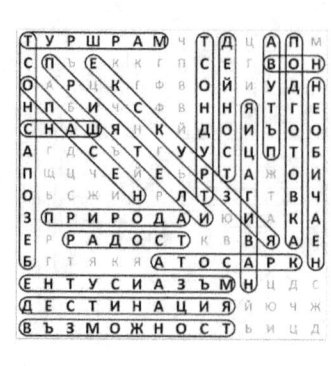

39 - Flugzeuge

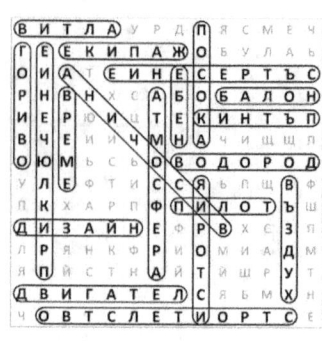

40 - Haartypen

41 - Essen #1

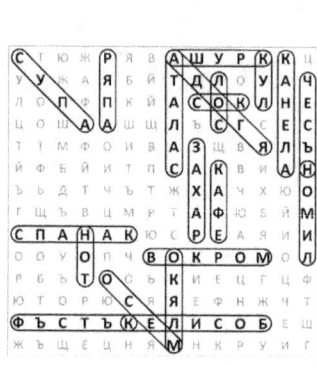

42 - Gebäude

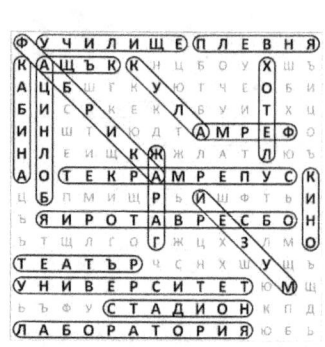

43 - Angeln

44 - Essen #2

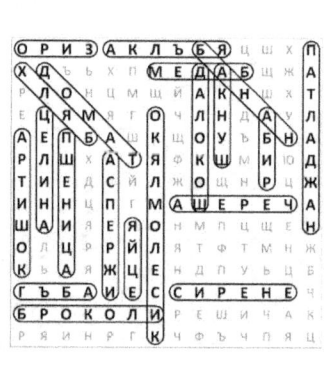

45 - Energie

46 - Familie

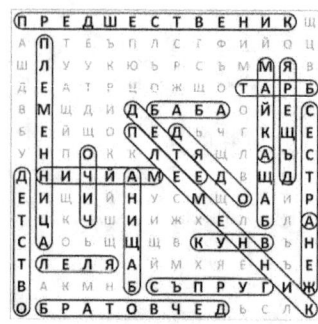

47 - Pflanzen

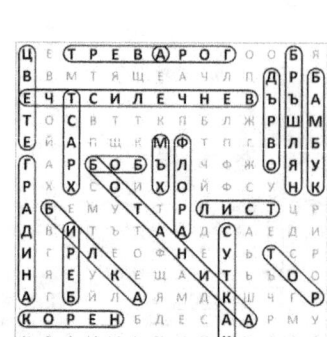
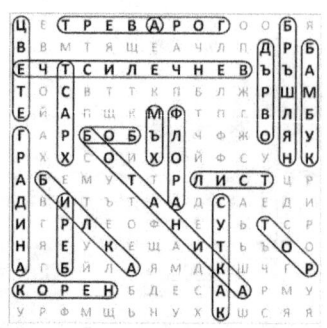

48 - Gewürze

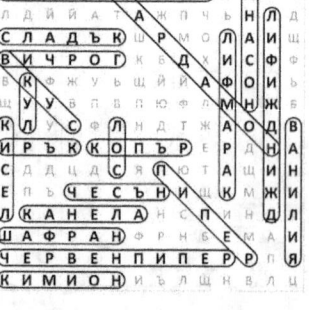

49 - Kreativität

50 - Geschäft

51 - Ingenieurwesen

52 - Kaffee

53 - Gemüse

54 - Schönheit

55 - Tanzen

56 - Ernährung

57 - Länder #1

58 - Technologie

59 - Wasser

60 - Science Fiction

61 - Haustiere

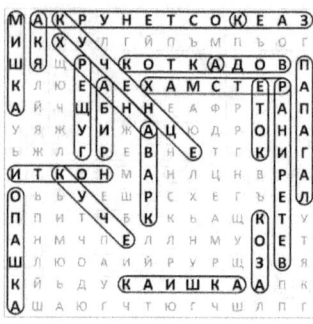

62 - Literatur

63 - Wandern

64 - Länder #2

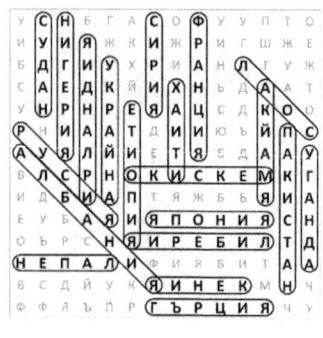

65 - Fahrzeuge

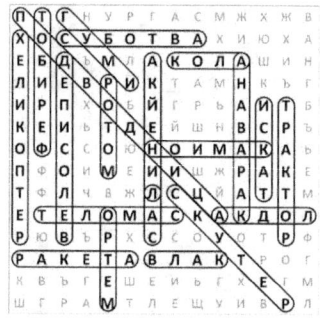

66 - Musikinstrumente

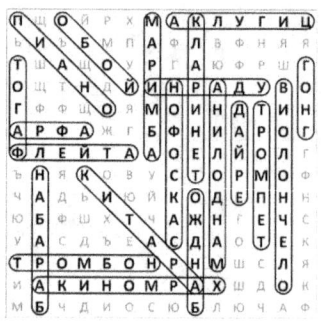

67 - Blumen

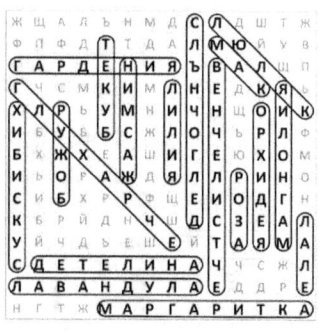

68 - Natur

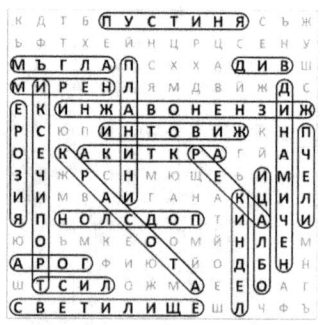

69 - Urlaub #2

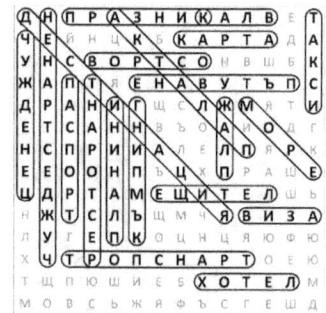

70 - Zirkus

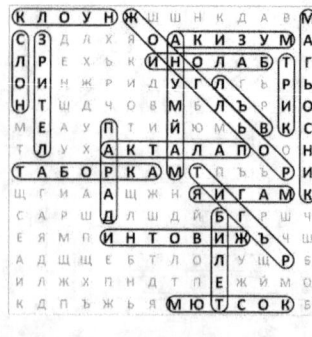

71 - Barbecues

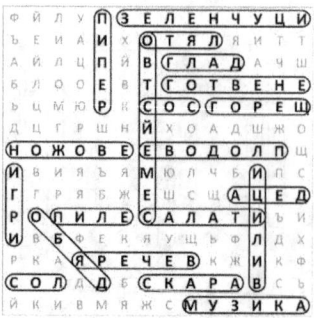

72 - Küche

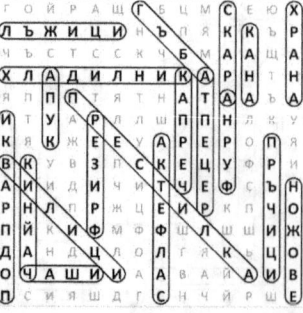

73 - Schach

74 - Geographie

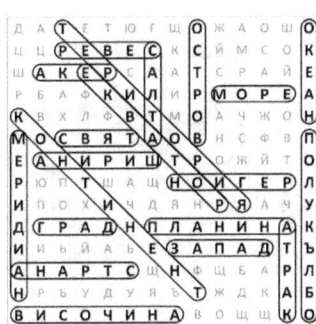

75 - Zahlen

76 - Tage und Monate

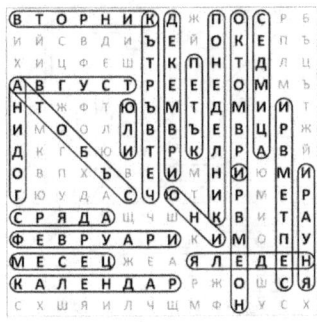

77 - Zu Füllen

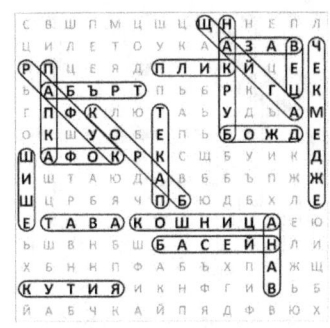

78 - Das Unternehmen

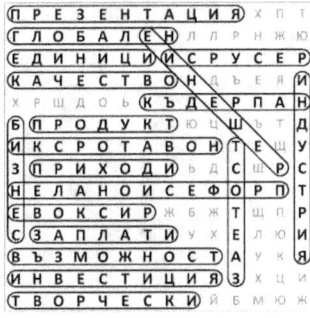

79 - Kräuterkunde

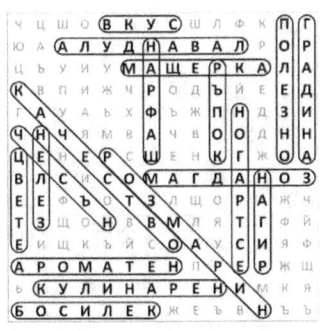

80 - Aktivitäten und Freizeit

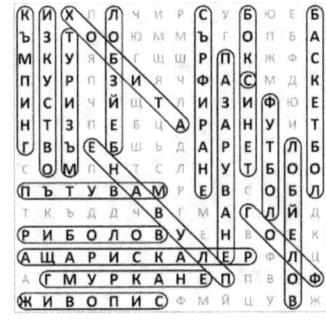

81 - Formen

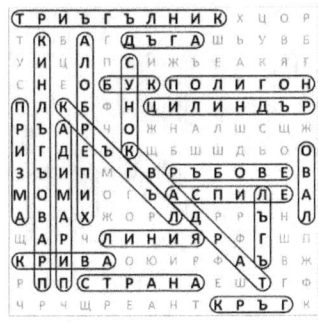

82 - Musik

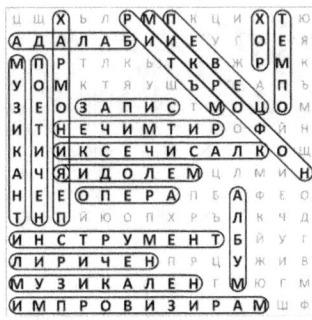

83 - Antiquitäten

84 - Adjektive #2

85 - Kleidung

86 - Farben

87 - Haus
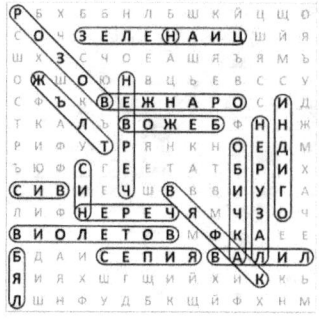
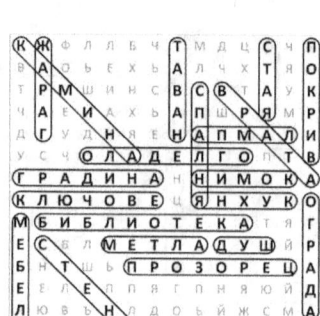

88 - Bauernhof #1

89 - Regierung

90 - Berufe #1

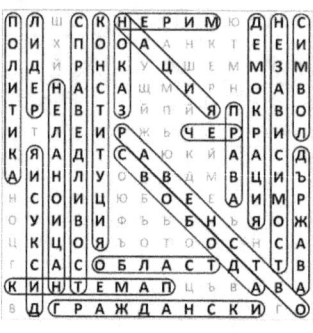
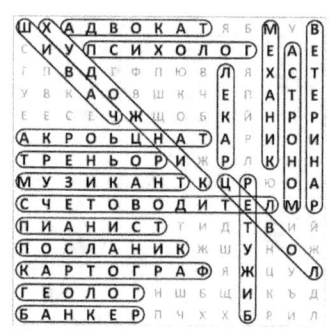

91 - Adjektive #1

92 - Geometrie

93 - Jazz

94 - Messungen

95 - Boxen

96 - Psychologie
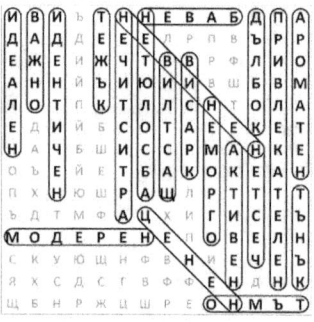
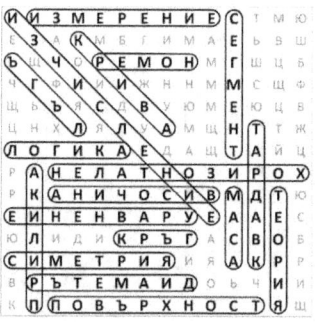
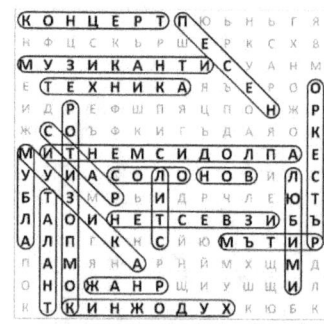
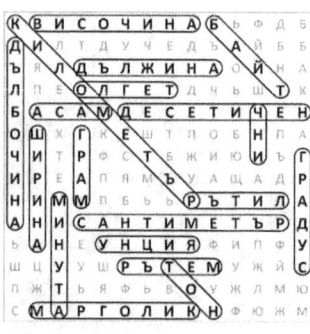
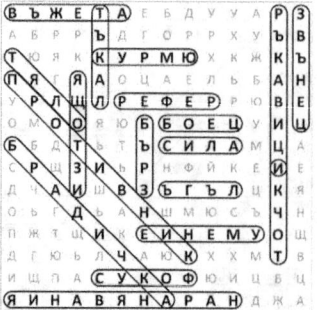

97 - Bauernhof #2

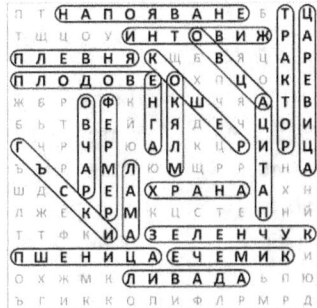

98 - Berufe #2

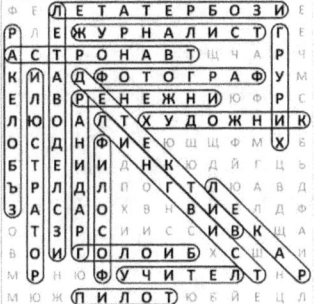

99 - Wetter

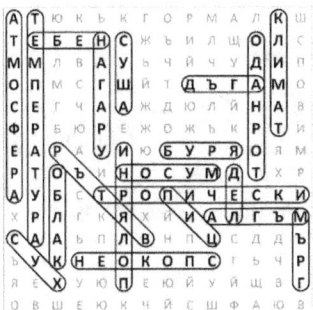

100 - Chemie

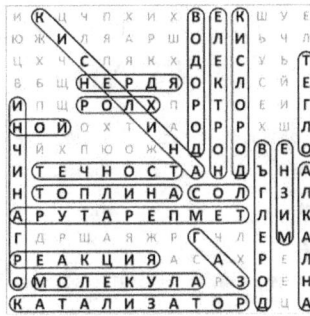

Wörterbuch

Abenteuer
Приключенски

Aktivität	Дейност
Ausflug	Екскурзия
Begeisterung	Ентусиазъм
Chance	Шанс
Freude	Радост
Freunde	Приятели
Gefährlich	Опасен
Gelegenheit	Възможност
Natur	Природа
Navigation	Навигация
Neu	Нов
Reisen	Пътува
Route	Маршрут
Schönheit	Красота
Schwierigkeit	Трудност
Sicherheit	Безопасност
Ungewöhnlich	Необичаен
Vorbereitung	Подготовка
Ziel	Дестинация

Adjektive #1
Прилагателни #1

Absolut	Абсолютен
Aktiv	Активен
Aromatisch	Ароматен
Attraktiv	Привлекателен
Dunkel	Тъмно
Dünn	Тънък
Ehrlich	Честен
Glücklich	Щастлив
Identisch	Идентичен
Künstlerisch	Артистичен
Langsam	Бавен
Modern	Модерен
Perfekt	Идеален
Riesig	Огромен
Schön	Красив
Schwer	Тежък
Tief	Дълбок
Unschuldig	Невинен
Wertvoll	Ценен
Wichtig	Важно

Adjektive #2
Прилагателни #2

Authentisch	Автентичен
Berühmt	Известен
Beschreibend	Описателен
Dramatisch	Драматичен
Elegant	Елегантен
Essbar	Ядни
Frisch	Пресен
Gesund	Здрав
Hungrig	Гладен
Interessant	Интересно
Kreativ	Творчески
Natürlich	Природен
Neu	Нов
Normal	Нормален
Produktiv	Продуктивни
Salzig	Солен
Stark	Силен
Stolz	Горд
Verantwortlich	Отговорен
Wild	Див

Aktivitäten
Дейности

Aktivität	Дейност
Angeln	Риболов
Camping	Къмпинг
Entspannung	Релаксация
Fähigkeit	Умение
Fotografie	Фотография
Gartenarbeit	Градинарство
Gemälde	Живопис
Jagd	Лов
Keramik	Керамика
Kunst	Изкуство
Kunsthandwerk	Занаяти
Lesen	Четене
Magie	Магия
Nähen	Шиене
Spiele	Игри
Stricken	Плетене
Tanzen	Танци
Vergnügen	Удоволствие
Wandern	Туризъм

Aktivitäten und Freizeit
Дейности и Свободно Време

Angeln	Риболов
Baseball	Бейзбол
Basketball	Баскетбол
Boxen	Бокс
Camping	Къмпинг
Einkaufen	Пазаруване
Entspannend	Релаксираща
Fussball	Футбол
Gartenarbeit	Градинарство
Gemälde	Живопис
Golf	Голф
Hobbies	Хобита
Kunst	Изкуство
Reise	Пътувам
Schwimmen	Плуване
Surfen	Сърфиране
Tauchen	Гмуркане
Tennis	Тенис
Volleyball	Волейбол
Wandern	Туризъм

Algebra
Алгебра

Bruchteil	Фракция
Diagramm	Диаграма
Exponent	Степен
Faktor	Фактор
Falsch	Фалшив
Formel	Формула
Gleichung	Уравнение
Graph	Графика
Linear	Линеен
Lösung	Решение
Matrix	Матрица
Menge	Количество
Null	Нула
Nummer	Номер
Problem	Проблем
Subtraktion	Изваждане
Summe	Сума
Unendlich	Безкраен
Variable	Променлив
Vereinfachen	Опрости

Angeln
Риболов

Ausrüstung	Оборудване
Boot	Лодка
Flossen	Перки
Fluss	Река
Geduld	Търпение
Gewicht	Тегло
Haken	Кука
Jahreszeit	Сезон
Kiefer	Челюст
Kiemen	Хриле
Kochen	Готвя
Korb	Кошница
Köder	Стръв
Ozean	Океан
See	Езеро
Strand	Плаж
Übertreibung	Преувеличение
Waage	Везни
Wasser	Вода

Antarktis
Антарктида

Bucht	Залив
Eis	Лед
Erhaltung	Запазване
Expedition	Експедиция
Felsig	Скалист
Forscher	Изследовател
Geographie	География
Gletscher	Ледници
Halbinsel	Полуостров
Kontinent	Континент
Migration	Миграция
Mineralien	Минерали
Temperatur	Температура
Topographie	Топография
Umwelt	Среда
Vögel	Птици
Wasser	Вода
Wetter	Време
Wind	Ветрове
Wissenschaftlich	Научен

Antiquitäten
Антики

Alt	Стар
Authentisch	Автентичен
Dekorativ	Декоративен
Elegant	Елегантен
Enthusiast	Ентусиаст
Galerie	Галерия
Gemälde	Картини
Investition	Инвестиция
Jahrhundert	Век
Kunst	Изкуство
Möbel	Мебели
Münzen	Монети
Preis	Цена
Qualität	Качество
Schmuck	Бижута
Skulptur	Скулптура
Stil	Стил
Ungewöhnlich	Необичаен
Versteigerung	Търг
Wert	Стойност

Archäologie
Археология

Analyse	Анализ
Antiquität	Древност
Auswertung	Оценка
Ära	Ера
Experte	Експерт
Forscher	Изследовател
Fossil	Минерал
Geheimnis	Мистерия
Grab	Гроб
Knochen	Кости
Mannschaft	Отбор
Nachkomme	Потомък
Objekte	Обекти
Professor	Професор
Relikt	Реликва
Tempel	Храм
Unbekannt	Неизвестен
Uralt	Древен
Vergessen	Забравена
Zivilisation	Цивилизация

Astronomie
Астрономия

Asteroid	Астероид
Astronaut	Астронавт
Astronom	Астроном
Erde	Земя
Himmel	Небе
Komet	Комета
Konstellation	Съзвездие
Kosmos	Космос
Meteor	Метеор
Mond	Луна
Nebel	Мъглявина
Observatorium	Обсерватория
Planet	Планета
Rakete	Ракета
Satellit	Сателит
Stern	Звезда
Supernova	Свръхнова
Teleskop	Телескоп
Tierkreis	Зодиак
Universum	Вселена

Ballett
Балет

Applaus	Аплодисменти
Ausdrucksvoll	Изразителен
Ballerina	Балерина
Choreographie	Хореография
Fähigkeit	Умение
Geste	Жест
Intensität	Интензитет
Komponist	Композитор
Künstlerisch	Артистичен
Musik	Музика
Muskel	Мускулите
Orchester	Оркестър
Praxis	Практика
Probe	Репетиция
Publikum	Публика
Rhythmus	Ритъм
Solo	Соло
Stil	Стил
Tänzer	Танцьори
Technik	Техника

Barbecues
Барбекюта

Abendessen	Вечеря
Familie	Семейство
Frucht	Плодове
Gabeln	Вилици
Gemüse	Зеленчуци
Grill	Скара
Heiss	Горещ
Huhn	Пиле
Hunger	Глад
Kinder	Деца
Kochen	Готвене
Messer	Ножове
Mittagessen	Обяд
Musik	Музика
Pfeffer	Пипер
Salate	Салати
Salz	Сол
Sommer	Лято
Sosse	Сос
Spiele	Игри

Bauernhof #1
Ферма #1

Biene	Пчела
Boden	Почва
Dünger	Тор
Esel	Магаре
Feld	Поле
Heu	Сено
Honig	Мед
Huhn	Пиле
Hund	Куче
Kalb	Теле
Katze	Котка
Krähe	Врана
Kuh	Крава
Land	Земя
Pferd	Кон
Reis	Ориз
Schwein	Свиня
Wasser	Вода
Zaun	Ограда
Ziege	Коза

Bauernhof #2
Ферма #2

Bauer	Фермер
Bewässerung	Напояване
Bienenstock	Кошер
Ente	Патица
Essen	Храна
Frucht	Плодове
Gänse	Гъски
Gemüse	Зеленчук
Gerste	Ечемик
Lama	Лама
Lamm	Агне
Mais	Царевица
Milch	Мляко
Schaf	Овца
Schäfer	Овчар
Scheune	Плевня
Tiere	Животни
Traktor	Трактор
Weizen	Пшеница
Wiese	Ливада

Berufe #1
Професии #1

Arzt	Лекар
Astronom	Астроном
Bankier	Банкер
Botschafter	Посланик
Buchhalter	Счетоводител
Geologe	Геолог
Jäger	Ловец
Juwelier	Бижутер
Kartograph	Картограф
Klempner	Водопроводчик
Künstler	Художник
Mechaniker	Механик
Musiker	Музикант
Pianist	Пианист
Psychologe	Психолог
Rechtsanwalt	Адвокат
Schneider	Шивач
Tänzer	Танцьорка
Tierarzt	Ветеринар
Trainer	Треньор

Berufe #2
Професии #2

Arzt	Лекар
Astronaut	Астронавт
Bibliothekar	Библиотекар
Biologe	Биолог
Chirurg	Хирург
Detektiv	Детектив
Erfinder	Изобретател
Forscher	Изследовател
Fotograf	Фотограф
Gärtner	Градинар
Illustrator	Илюстратор
Ingenieur	Инженер
Journalist	Журналист
Lehrer	Учител
Linguist	Лингвист
Maler	Художник
Philosoph	Философ
Pilot	Пилот
Zahnarzt	Зъболекар
Zoologe	Зоолог

Bienen
Пчелите

Bestäuber	Опрашител
Bienenkorb	Кошер
Blumen	Цветя
Essen	Храна
Flügel	Крила
Frucht	Плодове
Garten	Градина
Honig	Мед
Insekt	Насекомо
Königin	Кралица
Ökosystem	Екосистема
Pflanzen	Растения
Pollen	Прашец
Rauch	Дим
Schwarm	Рояк
Sonne	Слънце
Vielfalt	Разнообразие
Vorteilhaft	Полезно
Wachs	Восък

Bildende Kunst
Визуални Изкуства

Architektur	Архитектура
Bleistift	Молив
Film	Филм
Foto	Снимка
Gemälde	Живопис
Keramik	Керамика
Kreativität	Творчество
Kreide	Тебешир
Künstler	Художник
Lack	Лак
Meisterwerk	Шедьовър
Perspektive	Перспектива
Porträt	Портрет
Schablone	Шаблон
Skulptur	Скулптура
Staffelei	Статив
Stift	Дръжка
Ton	Глина
Wachs	Восък
Zusammensetzung	Състав

Blumen
Цветя

Blütenblatt	Венчелистче
Gardenie	Гардения
Gänseblümchen	Маргаритка
Hibiskus	Хибискус
Jasmin	Жасмин
Klee	Детелина
Lavendel	Лавандула
Lila	Люляк
Lilie	Лилия
Löwenzahn	Глухарче
Magnolie	Магнолия
Mohn	Мак
Orchidee	Орхидея
Pfingstrose	Божур
Rose	Роза
Sonnenblume	Слънчоглед
Strauss	Букет
Tulpe	Лале

Boote
Лодки

Anker	Котва
Boje	Шамандура
Crew	Екипаж
Dock	Док
Fähre	Ферибот
Floss	Сал
Fluss	Река
Kajak	Каяк
Kanu	Кану
Mast	Мачта
Meer	Море
Motor	Двигател
Nautisch	Морски
Ozean	Океан
See	Езеро
Seemann	Моряк
Segelboot	Платноходка
Seil	Въже
Wellen	Вълни
Yacht	Яхта

Boxen
Бокс

Ecke	Ъгъл
Ellbogen	Лакът
Erschöpft	Изтощя
Faust	Юмрук
Fähigkeit	Умение
Fokus	Фокус
Gegner	Противник
Glocke	Звънец
Handschuhe	Ръкавици
Kämpfer	Боец
Kinn	Брадичка
Körper	Тяло
Punkte	Точки
Schiedsrichter	Рефер
Schnell	Бърз
Seile	Въжета
Stärke	Сила
Verletzungen	Наранявания

Bücher
Книги

Abenteuer	Приключение
Autor	Автор
Dualität	Двойственост
Episch	Епичен
Erfinderisch	Изобретателен
Erzähler	Разказвач
Gedicht	Стихотворение
Geschichte	История
Historisch	Исторически
Humorvoll	Хумористичен
Kollektion	Колекция
Kontext	Контекст
Leser	Читател
Literarisch	Литература
Poesie	Поезия
Relevant	Уместен
Roman	Роман
Seite	Страница
Serie	Серия
Tragisch	Трагичен

Camping
Къмпинг

Abenteuer	Приключение
Berg	Планина
Feuer	Огън
Hängematte	Хамак
Hut	Шапка
Insekt	Насекомо
Jagd	Лов
Kabine	Кабина
Kanu	Кану
Karte	Карта
Kompass	Компас
Laterne	Фенер
Mond	Луна
Natur	Природа
See	Езеро
Seil	Въже
Spass	Забавление
Tiere	Животни
Wald	Гора
Zelt	Палатка

Chemie
Химия

Alkalisch	Алкална
Chlor	Хлор
Elektron	Електрон
Enzym	Ензим
Flüssigkeit	Течност
Gas	Газ
Gewicht	Тегло
Hitze	Топлина
Ion	Йон
Katalysator	Катализатор
Kohlenstoff	Въглерод
Molekül	Молекула
Nuklear	Ядрен
Organisch	Органични
Reaktion	Реакция
Salz	Сол
Sauerstoff	Кислород
Säure	Киселина
Temperatur	Температура
Wasserstoff	Водород

Das Unternehmen
Фирмата

Beschäftigung	Заетост
Einheiten	Единици
Einnahmen	Приходи
Entscheidung	Решение
Fortschritt	Напредък
Geschäft	Бизнес
Global	Глобален
Industrie	Индустрия
Innovativ	Новаторски
Investition	Инвестиция
Kreativ	Творчески
Löhne	Заплати
Möglichkeit	Възможност
Präsentation	Презентация
Produkt	Продукт
Professionell	Професионален
Qualität	Качество
Ressourcen	Ресурси
Risiken	Рискове
Ruf	Репутация

Diplomatie
Дипломация

Auflösung	Резолюция
Ausländisch	Чуждестранен
Berater	Съветник
Botschaft	Посолство
Botschafter	Посланик
Bürger	Граждани
Diskussion	Дискусия
Ethik	Етика
Gemeinschaft	Общност
Gerechtigkeit	Справедливост
Humanitär	Хуманитарен
Integrität	Цялост
Konflikt	Конфликт
Lösung	Решение
Politik	Политика
Regierung	Правителство
Sicherheit	Сигурност
Sprachen	Езици
Verbündete	Съюзник
Vertrag	Договор

Elektrizität
Електричество

Ausrüstung	Оборудване
Batterie	Батерия
Elektriker	Електротехник
Elektrisch	Електрически
Fernsehen	Телевизия
Generator	Генератор
Kabel	Кабел
Lagerung	Съхранение
Lampe	Лампа
Laser	Лазер
Magnet	Магнит
Menge	Количество
Negativ	Отрицателен
Netzwerk	Мрежа
Objekte	Обекти
Positiv	Положителен
Steckdose	Гнездо
Telefon	Телефон

Energie
Енергия

Batterie	Батерия
Benzin	Бензин
Brennstoff	Гориво
Diesel	Дизел
Elektrisch	Електрически
Elektron	Електрон
Entropie	Ентропия
Erneuerbar	Възобновяем
Hitze	Топлина
Industrie	Индустрия
Kohlenstoff	Въглерод
Motor	Мотор
Nuklear	Ядрен
Photon	Фотон
Sonne	Слънце
Turbine	Турбина
Umwelt	Среда
Verschmutzung	Замърсяване
Wasserstoff	Водород
Wind	Вятър

Ernährung
Хранене

Appetit	Апетит
Ausgewogen	Балансиран
Bitter	Горчив
Diät	Диета
Essbar	Ядни
Fermentation	Ферментация
Geschmack	Вкус
Gesund	Здрав
Gesundheit	Здраве
Gewicht	Тегло
Kalorien	Калории
Kohlenhydrate	Въглехидрати
Nährstoff	Хранително
Portion	Порция
Proteine	Протеини
Qualität	Качество
Sosse	Сос
Toxin	Токсин
Verdauung	Храносмилане
Vitamin	Витамин

Essen #1
Храна #1

Basilikum	Босилек
Birne	Круша
Erdbeere	Ягода
Erdnuss	Фъстък
Fleisch	Месо
Kaffee	Кафе
Karotte	Морков
Knoblauch	Чесън
Milch	Мляко
Rübe	Ряпа
Saft	Сок
Salat	Салата
Salz	Сол
Spinat	Спанак
Suppe	Супа
Thunfisch	Тон
Zimt	Канела
Zitrone	Лимон
Zucker	Захар
Zwiebel	Лук

Essen #2
Храна #2

Apfel	Ябълка
Artischocke	Артишок
Aubergine	Патладжан
Banane	Банан
Brokkoli	Броколи
Brot	Хляб
Ei	Яйце
Fisch	Риба
Joghurt	Кисело Мляко
Käse	Сирене
Kirsche	Череша
Mandel	Бадем
Pilz	Гъба
Reis	Ориз
Schinken	Шунка
Schokolade	Шоколад
Sellerie	Целина
Spargel	Аспержи
Tomate	Домат
Weizen	Пшеница

Fahren
Шофиране

Auto	Кола
Bremsen	Спирачки
Brennstoff	Гориво
Bus	Автобус
Garage	Гараж
Gas	Газ
Gefahr	Опасност
Geschwindigkeit	Скорост
Karte	Карта
Lizenz	Лиценз
Lkw	Камион
Motor	Мотор
Motorrad	Мотоциклет
Polizei	Полиция
Sicherheit	Безопасност
Transport	Транспорт
Tunnel	Тунел
Unfall	Злополука
Verkehr	Трафик
Vorsicht	Внимание

Fahrzeuge
Превозни Средства

Auto	Кола
Boot	Лодка
Bus	Автобус
Fahrrad	Велосипед
Fähre	Ферибот
Floss	Сал
Flugzeug	Самолет
Hubschrauber	Хеликоптер
Krankenwagen	Линейка
Lkw	Камион
Motor	Мотор
Rakete	Ракета
Reifen	Гуми
Roller	Скутер
Taxi	Такси
Traktor	Трактор
U-Bahn	Метро
U-Boot	Подводница
Wohnwagen	Каравана
Zug	Влак

Familie
Семейство

Bruder	Брат
Ehefrau	Жена
Ehemann	Съпруг
Enkel	Внук
Grossmutter	Баба
Grossvater	Дядо
Kind	Дете
Kindheit	Детство
Mutter	Майка
Mütterlich	Майчин
Neffe	Племенник
Nichte	Племенница
Onkel	Чичо
Schwester	Сестра
Tante	Леля
Tochter	Дъщеря
Vater	Баща
Väterlich	Бащина
Vetter	Братовчед
Vorfahr	Предшественик

Farben
Цветове

Azurblau	Лазурен
Beige	Бежов
Blau	Син
Braun	Кафяв
Fuchsie	Обичка
Gelb	Жълт
Grau	Сив
Grün	Зелен
Indigo	Индиго
Lila	Лилав
Orange	Оранжев
Rosa	Розов
Rot	Червен
Schwarz	Черен
Sepia	Сепия
Violett	Виолетов
Weiss	Бял
Zyan	Циан

Flugzeuge
Самолети

Abenteuer	Приключение
Abstieg	Спускане
Atmosphäre	Атмосфера
Ballon	Балон
Brennstoff	Гориво
Crew	Екипаж
Design	Дизайн
Geschichte	История
Himmel	Небе
Höhe	Височина
Konstruktion	Строителство
Luft	Въздух
Motor	Двигател
Passagier	Пътник
Pilot	Пилот
Propeller	Витла
Richtung	Посока
Turbulenz	Сътресение
Wasserstoff	Водород
Wetter	Време

Formen
Форми

Bogen	Дъга
Dreieck	Триъгълник
Ecke	Ъгъл
Ellipse	Елипса
Hyperbel	Хипербола
Kanten	Ръбове
Kegel	Конус
Kreis	Кръг
Kurve	Крива
Linie	Линия
Oval	Овал
Polygon	Полигон
Prisma	Призма
Pyramide	Пирамида
Quadrat	Квадрат
Rechteck	Правоъгълник
Rund	Кръгъл
Seite	Страна
Würfel	Куб
Zylinder	Цилиндър

Gebäude
Сгради

Bauernhof	Ферма
Botschaft	Посолство
Fabrik	Фабрика
Garage	Гараж
Haus	Къща
Hotel	Хотел
Kabine	Кабина
Kino	Кино
Krankenhaus	Болница
Labor	Лаборатория
Museum	Музей
Observatorium	Обсерватория
Scheune	Плевня
Schule	Училище
Stadion	Стадион
Supermarkt	Супермаркет
Theater	Театър
Turm	Кула
Universität	Университет
Zelt	Палатка

Gemüse
Зеленчуци

Artischocke	Артишок
Aubergine	Патладжан
Blumenkohl	Карфиол
Brokkoli	Броколи
Erbse	Грах
Gurke	Краставица
Ingwer	Джинджифил
Karotte	Морков
Kartoffel	Картофи
Knoblauch	Чесън
Kürbis	Тиква
Olive	Маслина
Petersilie	Магданоз
Pilz	Гъба
Rübe	Ряпа
Salat	Салата
Sellerie	Целина
Spinat	Спанак
Tomate	Домат
Zwiebel	Лук

Geographie
География

Atlas	Атлас
Äquator	Екватор
Berg	Планина
Breite	Ширина
Fluss	Река
Gebiet	Територия
Hemisphäre	Полукълбо
Höhe	Височина
Insel	Остров
Karte	Карта
Kontinent	Континент
Land	Страна
Meer	Море
Meridian	Меридиан
Norden	Север
Ozean	Океан
Region	Регион
Stadt	Град
Welt	Свят
West	Запад

Geologie
Геология

Erdbeben	Земетресение
Erosion	Ерозия
Fossil	Минерал
Geschmolzen	Разтопен
Geysir	Гейзер
Höhle	Пещера
Kalzium	Калций
Kontinent	Континент
Koralle	Корал
Lava	Лава
Mineralien	Минерали
Plateau	Плато
Quarz	Кварц
Salz	Сол
Säure	Киселина
Stalagmiten	Сталагмити
Stalaktit	Сталактит
Stein	Камък
Vulkan	Вулкан
Zone	Зона

Geometrie
Геометрия

Anteil	Пропорция
Berechnung	Изчисление
Dimension	Измерение
Dreieck	Триъгълник
Durchmesser	Диаметър
Gleichung	Уравнение
Horizontal	Хоризонтален
Höhe	Височина
Kreis	Кръг
Kurve	Крива
Logik	Логика
Masse	Маса
Nummer	Номер
Oberfläche	Повърхност
Parallel	Прилика
Quadrat	Квадрат
Segment	Сегмент
Symmetrie	Симетрия
Theorie	Теория
Winkel	Ъгъл

Geschäft
Бизнес

Arbeitgeber	Работодател
Budget	Бюджет
Büro	Офис
Einkommen	Доход
Fabrik	Фабрика
Geld	Пари
Geschäft	Магазин
Gewinn	Печалба
Investition	Инвестиция
Karriere	Кариера
Kosten	Цена
Manager	Мениджър
Mitarbeiter	Служител
Rabatt	Отстъпка
Steuern	Данъци
Transaktion	Транзакция
Verkauf	Продажба
Ware	Стоки
Währung	Валута
Wirtschaft	Икономика

Gesundheit und Wellness #1
Здраве и Благополучие №1

Aktiv	Активен
Apotheke	Аптека
Arzt	Лекар
Bakterien	Бактерии
Behandlung	Лечение
Entspannung	Релаксация
Fraktur	Фрактура
Gewohnheit	Навик
Haut	Кожа
Höhe	Височина
Hunger	Глад
Klinik	Клиника
Knochen	Кости
Medizin	Медицина
Medizinisch	Медицински
Nerven	Нерви
Reflex	Рефлекс
Therapie	Терапия
Verletzung	Нараняване
Virus	Вирус

Gesundheit und Wellness #2
Здраве и Благополучие № 2

Allergie	Алергия
Anatomie	Анатомия
Appetit	Апетит
Blut	Кръв
Diät	Диета
Energie	Енергия
Genetik	Генетика
Gesund	Здрав
Gewicht	Тегло
Hygiene	Хигиена
Infektion	Инфекция
Kalorie	Калория
Krankenhaus	Болница
Krankheit	Болест
Massage	Масаж
Risiken	Рискове
Schlafen	Спя
Sport	Спорт
Stress	Стрес
Vitamin	Витамин

Gewürze
Подправки

Anis	Анасон
Bitter	Горчив
Curry	Къри
Fenchel	Копър
Geschmack	Вкус
Ingwer	Джинджифил
Kardamom	Кардамон
Knoblauch	Чесън
Kreuzkümmel	Кимион
Lakritze	Женско Биле
Nelke	Карамфил
Paprika	Червен Пипер
Pfeffer	Пипер
Safran	Шафран
Salz	Сол
Sauer	Кисел
Süss	Сладък
Vanille	Ванилия
Zimt	Канела
Zwiebel	Лук

Haartypen
Видове Коса

Blond	Руса
Braun	Кафяв
Dick	Дебел
Dünn	Тънък
Geflochten	Сплетен
Gesund	Здрав
Glatt	Гладка
Glänzend	Лъскав
Grau	Сив
Kahl	Плешив
Kurz	Къс
Lang	Дълго
Locken	Къдрици
Lockig	Къдрав
Schwarz	Черен
Trocken	Сух
Weich	Мек
Weiss	Бял
Wellig	Вълнообразни
Zöpfe	Плитки

Haus
Къща

Besen	Метла
Bibliothek	Библиотека
Dach	Покрив
Dachboden	Таван
Dusche	Душ
Fenster	Прозорец
Garage	Гараж
Garten	Градина
Kamin	Камина
Küche	Кухня
Lampe	Лампа
Möbel	Мебели
Schlafzimmer	Спалня
Schlüssel	Ключове
Schornstein	Комин
Spiegel	Огледало
Tür	Врата
Wand	Стена
Zaun	Ограда
Zimmer	Стая

Haustiere
Домашни Любимци

Eidechse	Гущер
Essen	Храна
Fisch	Риба
Hamster	Хамстер
Hase	Заек
Hund	Куче
Katze	Котка
Kätzchen	Коте
Kragen	Яка
Krallen	Нокти
Kuh	Крава
Leine	Каишка
Maus	Мишка
Papagei	Папагал
Schildkröte	Костенурка
Schwanz	Опашка
Tierarzt	Ветеринар
Wasser	Вода
Welpe	Кученце
Ziege	Коза

Ingenieurwesen
Инженерно Изкуство

Achse	Ос
Antrieb	Задвижване
Berechnung	Изчисление
Diagramm	Диаграма
Diesel	Дизел
Durchmesser	Диаметър
Energie	Енергия
Flüssigkeit	Течност
Hebel	Лостове
Konstruktion	Строителство
Maschine	Машина
Messung	Измерване
Motor	Мотор
Reibung	Триене
Stabilität	Стабилност
Stärke	Сила
Struktur	Структура
Tiefe	Дълбочина
Verteilung	Разпределение
Winkel	Ъгъл

Insekten
Насекоми

Ameise	Мравка
Biene	Пчела
Blattlaus	Въшка
Floh	Бълха
Gottesanbeterin	Богомолка
Heuschrecke	Скакалец
Hornisse	Стършел
Kakerlake	Хлебарка
Käfer	Бръмбар
Larve	Ларва
Libelle	Водно Конче
Marienkäfer	Калинка
Motte	Молец
Mücke	Комар
Schmetterling	Пеперуда
Termite	Термит
Wespe	Оса
Wurm	Червей
Zikade	Цикада

Jazz
Джаз

Album	Албум
Alt	Стар
Applaus	Аплодисменти
Berühmt	Известен
Favoriten	Любими
Genre	Жанр
Improvisation	Импровизация
Komponist	Композитор
Konzert	Концерт
Künstler	Художник
Lied	Песен
Musik	Музика
Musiker	Музиканти
Neu	Нов
Orchester	Оркестър
Rhythmus	Ритъм
Solo	Соло
Stil	Стил
Talent	Талант
Technik	Техника

Kaffee
Кафе

Aroma	Аромат
Bitter	Горчив
Creme	Крем
Filter	Филтър
Flüssigkeit	Течност
Geschmack	Вкус
Getränk	Напитка
Koffein	Кофеин
Mahlen	Мелене
Milch	Мляко
Morgen	Сутрин
Preis	Цена
Schwarz	Черен
Tasse	Чаша
Ursprung	Произход
Vielfalt	Сорт
Wasser	Вода
Zucker	Захар

Kleidung
Дрехи

Armband	Гривна
Bluse	Блуза
Gürtel	Колан
Halskette	Колие
Handschuhe	Ръкавици
Hemd	Риза
Hose	Панталони
Hut	Шапка
Jacke	Яке
Jeans	Дънки
Kleid	Рокля
Mantel	Палто
Mode	Мода
Pullover	Пуловер
Rock	Пола
Schal	Шал
Schlafanzug	Пижама
Schmuck	Бижута
Schuh	Обувка
Schürze	Престилка

Klettern
Катерене

Atmosphäre	Атмосфера
Ausbildung	Обучение
Experte	Експерт
Führer	Ръководства
Gelände	Терен
Handschuhe	Ръкавици
Helm	Каска
Höhe	Височина
Höhle	Пещера
Karte	Карта
Neugier	Любопитство
Physisch	Физически
Schmal	Тесен
Stabilität	Стабилност
Stärke	Сила
Stiefel	Ботуши
Verletzung	Нараняване
Wandern	Туризъм

Kraft und Schwerkraft
Сила и Гравитация

Abstand	Разстояние
Achse	Ос
Center	Център
Druck	Налягане
Dynamisch	Динамичен
Eigenschaften	Имоти
Entdeckung	Откритие
Expansion	Разширяване
Geschwindigkeit	Скорост
Gewicht	Тегло
Magnetismus	Магнетизъм
Mechanik	Механика
Orbit	Орбита
Physik	Физика
Planeten	Планети
Reibung	Триене
Universal	Универсален
Zeit	Час

Kräuterkunde
Билбализъм

Aromatisch	Ароматен
Basilikum	Босилек
Blume	Цвете
Estragon	Естрагон
Fenchel	Копър
Garten	Градина
Geschmack	Вкус
Grün	Зелен
Knoblauch	Чесън
Kulinarisch	Кулинарен
Lavendel	Лавандула
Majoran	Риган
Petersilie	Магданоз
Pflanze	Растение
Qualität	Качество
Rosmarin	Розмарин
Safran	Шафран
Thymian	Мащерка
Vorteilhaft	Полезно
Zutat	Съставка

Kreativität
Творчество

Ausdruck	Израз
Authentizität	Автентичност
Bild	Изображение
Dramatisch	Драматичен
Eindruck	Впечатление
Erfinderisch	Изобретателен
Fähigkeit	Умение
Gefühle	Чувства
Ideen	Идеи
Inspiration	Вдъхновение
Intensität	Интензитет
Intuition	Интуиция
Klarheit	Яснота
Künstlerisch	Артистичен
Phantasie	Въображение
Sensation	Усещане
Spontan	Спонтанен
Visionen	Видения
Vitalität	Жизненост

Küche
Кухня

Essen	Храна
Essstäbchen	Пръчици
Gabeln	Вилици
Gefrierschrank	Фризер
Gewürze	Подправки
Grill	Скара
Kelle	Черпак
Krug	Кана
Kühlschrank	Хладилник
Löffel	Лъжици
Messer	Ножове
Ofen	Фурна
Rezept	Рецепта
Schürze	Престилка
Schüssel	Купа
Schwamm	Гъба
Serviette	Салфетка
Tassen	Чаши
Wasserkocher	Чайник

Landschaften
Пейзажи

Berg	Планина
Eisberg	Айсберг
Fluss	Река
Geysir	Гейзер
Gletscher	Ледник
Golf	Залив
Halbinsel	Полуостров
Höhle	Пещера
Hügel	Хълм
Insel	Остров
Meer	Море
Oase	Оазис
See	Езеро
Strand	Плаж
Sumpf	Блато
Tal	Долина
Tundra	Тундра
Vulkan	Вулкан
Wasserfall	Водопад
Wüste	Пустиня

Länder #1
Страни #1

Ägypten	Египет
Brasilien	Бразилия
Deutschland	Германия
Finnland	Финландия
Indien	Индия
Irak	Ирак
Israel	Израел
Italien	Италия
Kambodscha	Камбоджа
Kanada	Канада
Lettland	Латвия
Mali	Мали
Nicaragua	Никарагуа
Norwegen	Норвегия
Polen	Полша
Rumänien	Румъния
Senegal	Сенегал
Spanien	Испания
Venezuela	Венецуела
Vietnam	Виетнам

Länder #2
Страни #2

Albanien	Албания
Äthiopien	Етиопия
Frankreich	Франция
Griechenland	Гърция
Haiti	Хаити
Irland	Ирландия
Jamaika	Ямайка
Japan	Япония
Kenia	Кения
Laos	Лаос
Liberia	Либерия
Mexiko	Мексико
Nepal	Непал
Nigeria	Нигерия
Pakistan	Пакистан
Russland	Русия
Sudan	Судан
Syrien	Сирия
Uganda	Уганда
Ukraine	Украйна

Literatur
Литература

Analogie	Аналогия
Analyse	Анализ
Anekdote	Анекдот
Autor	Автор
Beschreibung	Описание
Biographie	Биография
Dialog	Диалог
Erzähler	Разказвач
Fiktion	Измислица
Gedicht	Стихотворение
Metapher	Метафора
Poetisch	Поетичен
Reim	Рима
Rhythmus	Ритъм
Roman	Роман
Schlussfolgerung	Заключение
Stil	Стил
Thema	Тема
Tragödie	Трагедия
Vergleich	Сравнение

Meditation
Медитация

Annahme	Приемане
Atmung	Дишане
Aufmerksamkeit	Внимание
Bewegung	Движение
Dankbarkeit	Благодарност
Freundlichkeit	Доброта
Frieden	Мир
Gedanken	Мисли
Geistig	Умствен
Glück	Щастие
Klarheit	Яснота
Lehre	Учения
Mitgefühl	Състрадание
Musik	Музика
Natur	Природа
Perspektive	Перспектива
Ruhig	Спокоен
Stille	Тишина
Verstand	Ум
Wach	Буден

Menschlicher Körper
Човешкото Тяло

Bein	Крак
Blut	Кръв
Ellbogen	Лакът
Finger	Пръст
Gehirn	Мозък
Gesicht	Лице
Hals	Врата
Hand	Ръка
Haut	Кожа
Herz	Сърце
Kiefer	Челюст
Kinn	Брадичка
Knie	Коляно
Knöchel	Глезен
Kopf	Глава
Mund	Уста
Nase	Нос
Ohr	Ухо
Schulter	Рамо
Zunge	Език

Messungen
Измервания

Breite	Ширина
Byte	Байт
Dezimal	Десетичен
Gewicht	Тегло
Grad	Градус
Gramm	Грам
Höhe	Височина
Kilogramm	Килограм
Kilometer	Километър
Länge	Дължина
Liter	Литър
Masse	Маса
Meter	Метър
Minute	Минута
Tiefe	Дълбочина
Tonne	Тон
Unze	Унция
Zentimeter	Сантиметър
Zoll	Инч

Musik
Музика

Album	Албум
Aufnahme	Запис
Ballade	Балада
Chor	Хор
Harmonie	Хармония
Improvisieren	Импровизирам
Instrument	Инструмент
Klassisch	Класически
Lyrisch	Лиричен
Melodie	Мелодия
Mikrofon	Микрофон
Musical	Музикален
Musiker	Музикант
Oper	Опера
Poetisch	Поетичен
Rhythmisch	Ритмичен
Rhythmus	Ритъм
Sänger	Певец
Singen	Пея
Tempo	Темпо

Musikinstrumente
Музикални Инструменти

Banjo	Банджо
Cello	Виолончело
Fagott	Фагот
Flöte	Флейта
Geige	Цигулка
Gitarre	Китара
Gong	Гонг
Harfe	Арфа
Klarinette	Кларинет
Klavier	Пиано
Mandoline	Мандолина
Marimba	Маримба
Mundharmonika	Хармоника
Oboe	Обой
Posaune	Тромбон
Saxophon	Саксофон
Schlagzeug	Ударни
Tamburin	Дайре
Trommel	Барабан
Trompete	Тромпет

Mythologie
Митология

Archetyp	Архетип
Blitz	Мълния
Donner	Гръм
Eifersucht	Ревност
Held	Герой
Himmel	Небето
Katastrophe	Бедствие
Kreation	Създаване
Kreatur	Създание
Krieger	Воин
Kultur	Култура
Labyrinth	Лабиринт
Legende	Легенда
Magisch	Магически
Monster	Чудовище
Rache	Отмъщение
Stärke	Сила
Sterblich	Смъртен
Unsterblichkeit	Безсмъртие
Verhalten	Поведение

Natur
Природата

Arktis	Арктика
Berge	Планини
Bienen	Пчели
Dynamisch	Динамичен
Erosion	Ерозия
Fluss	Река
Friedlich	Мирен
Gletscher	Ледник
Heiligtum	Светилище
Laub	Лист
Lebenswichtig	Жизненоважни
Nebel	Мъгла
Schönheit	Красота
Schutz	Подслон
Tiere	Животни
Tropisch	Тропически
Wald	Гора
Wild	Див
Wolken	Облаци
Wüste	Пустиня

Obst
Плодове

Ananas	Ананас
Apfel	Ябълка
Aprikose	Кайсия
Avocado	Авокадо
Banane	Банан
Beere	Бери
Birne	Круша
Brombeere	Къпина
Himbeere	Малина
Kirsche	Череша
Kiwi	Киви
Kokosnuss	Кокосов Орех
Melone	Пъпеш
Nektarine	Нектарин
Orange	Оранжев
Papaya	Папая
Pfirsich	Праскова
Pflaume	Слива
Traube	Грозде
Zitrone	Лимон

Ozean
Океан

Aal	Змиорка
Auster	Стрида
Boot	Лодка
Delfin	Делфин
Fisch	Риба
Garnele	Скариди
Gezeiten	Приливи
Hai	Акула
Koralle	Корал
Krabbe	Рак
Krake	Октопод
Qualle	Медуза
Riff	Риф
Salz	Сол
Schildkröte	Костенурка
Schwamm	Гъба
Sturm	Буря
Thunfisch	Тон
Wal	Кит
Wellen	Вълни

Ökologie
Екология

Art	Вид
Berge	Планини
Dürre	Суша
Fauna	Фауна
Flora	Флора
Freiwillige	Доброволци
Gemeinschaft	Общности
Global	Глобален
Klima	Климат
Marine	Морски
Nachhaltig	Устойчив
Natur	Природа
Natürlich	Природен
Pflanzen	Растения
Ressourcen	Ресурси
Sumpf	Блато
Überleben	Оцеляване
Vegetation	Растителност
Vielfalt	Разнообразие

Pflanzen
Растения

Bambus	Бамбук
Baum	Дърво
Beere	Бери
Blume	Цвете
Blütenblatt	Венчелистче
Bohne	Боб
Botanik	Ботаника
Busch	Храст
Dünger	Тор
Efeu	Бръшлян
Flora	Флора
Garten	Градина
Gras	Трева
Kaktus	Кактус
Kraut	Билка
Laub	Лист
Moos	Мъх
Vegetation	Растителност
Wald	Гора
Wurzel	Корен

Physik
Физика

Atom	Атом
Beschleunigung	Ускорение
Chaos	Хаос
Chemisch	Химически
Dichte	Плътност
Elektron	Електрон
Experiment	Експеримент
Formel	Формула
Frequenz	Честота
Gas	Газ
Geschwindigkeit	Скорост
Magnetismus	Магнетизъм
Masse	Маса
Mechanik	Механика
Molekül	Молекула
Motor	Двигател
Nuklear	Ядрен
Partikel	Частица
Relativität	Относителност
Universal	Универсален

Psychologie
Психология

Bewertung	Оценка
Bewusstlos	Безсъзнание
Ego	Его
Einflüsse	Влияния
Erinnerungen	Спомени
Gedanken	Мисли
Ideen	Идеи
Kindheit	Детство
Klinisch	Клиничен
Kognition	Познание
Konflikt	Конфликт
Persönlichkeit	Личност
Problem	Проблем
Sensation	Усещане
Therapie	Терапия
Träume	Мечти
Unterbewusstsein	Подсъзнателно
Verhalten	Поведение
Wahrnehmung	Възприемане
Wirklichkeit	Реалност

Regierung
Правителството

Bezirk	Област
Demokratie	Демокрация
Denkmal	Паметник
Diskussion	Дискусия
Freiheit	Свобода
Friedlich	Мирен
Führer	Лидер
Gerechtigkeit	Справедливост
Gesetz	Закон
Gleichheit	Равенство
Nation	Нация
National	Национален
Politik	Политика
Rechte	Права
Rede	Реч
Staat	Държава
Symbol	Символ
Unabhängigkeit	Независимост
Verfassung	Конституция
Zivil	Граждански

Restaurant #2
Ресторант #2

Abendessen	Вечеря
Eier	Яйца
Eis	Лед
Fisch	Риба
Frucht	Плодове
Gabel	Вилица
Gemüse	Зеленчуци
Getränk	Напитка
Gewürze	Подправки
Kellner	Сервитьор
Köstlich	Вкусен
Kuchen	Торта
Löffel	Лъжица
Mittagessen	Обяд
Nudeln	Юфка
Salat	Салата
Salz	Сол
Stuhl	Стол
Suppe	Супа
Wasser	Вода

Säugetiere
Бозайници

Affe	Маймуна
Bär	Мечка
Biber	Бобър
Elefant	Слон
Fuchs	Лисица
Giraffe	Жираф
Gorilla	Горила
Hund	Куче
Känguru	Кенгуру
Kojote	Койот
Löwe	Лъв
Panther	Пантера
Pferd	Кон
Ratte	Плъх
Schaf	Овца
Stier	Бик
Tiger	Тигър
Wal	Кит
Wolf	Вълк
Zebra	Зебра

Schach
Шах

Champion	Шампион
Diagonal	Диагонал
Gegner	Противник
Klug	Умен
König	Крал
Königin	Кралица
Opfer	Жертва
Passiv	Пасивен
Punkte	Точки
Regeln	Правила
Schwarz	Черен
Spiel	Игра
Spieler	Играч
Strategie	Стратегия
Turnier	Турнир
Weiss	Бял
Wettbewerb	Конкурс
Zeit	Час

Schokolade
Шоколад

Antioxidans	Антиоксидант
Aroma	Аромат
Bitter	Горчив
Erdnüsse	Фъстъци
Exotisch	Екзотичен
Favorit	Любим
Geschmack	Вкус
Handwerklich	Занаятчийски
Kakao	Какао
Kalorien	Калории
Karamell	Карамел
Kokosnuss	Кокосов Орех
Köstlich	Вкусен
Pulver	Прах
Qualität	Качество
Rezept	Рецепта
Süss	Сладък
Zucker	Захар
Zutat	Съставка

Schönheit
Красота

Anmut	Благодат
Charme	Чар
Dienstleistungen	Услуги
Duft	Аромат
Elegant	Елегантен
Eleganz	Елегантност
Farbe	Цвят
Fotogen	Фотогеничен
Glatt	Гладка
Haut	Кожа
Kosmetik	Козметика
Lippenstift	Червило
Locken	Къдрици
Öle	Масла
Produkte	Продукти
Schere	Ножица
Shampoo	Шампоан
Spiegel	Огледало
Stylist	Стилист
Wimperntusche	Спирала

Science Fiction
Научна Фантастика

Bücher	Книги
Chemikalien	Химикали
Dystopie	Дистопия
Explosion	Експлозия
Extrem	Екстремни
Fantastisch	Фантастично
Feuer	Огън
Futuristisch	Футуристичен
Galaxie	Галактика
Geheimnisvoll	Мистериозен
Illusion	Илюзия
Imaginär	Въображаем
Kino	Кино
Orakel	Оракул
Planet	Планета
Roboter	Роботи
Szenario	Сценарий
Technologie	Технология
Utopie	Утопия
Welt	Свят

Stadt
Град

Apotheke	Аптека
Bank	Банка
Bäckerei	Фурна
Bibliothek	Библиотека
Blumenhändler	Цветар
Buchhandlung	Книжарница
Flughafen	Летище
Galerie	Галерия
Hotel	Хотел
Kino	Кино
Klinik	Клиника
Markt	Пазар
Museum	Музей
Restaurant	Ресторант
Schule	Училище
Stadion	Стадион
Supermarkt	Супермаркет
Theater	Театър
Universität	Университет
Zoo	Зоопарк

Tage und Monate
Дни и Месеци

August	Август
Dezember	Декември
Dienstag	Вторник
Donnerstag	Четвъртък
Februar	Февруари
Freitag	Петък
Jahr	Година
Januar	Януари
Juli	Юли
Juni	Юни
Kalender	Календар
Mittwoch	Сряда
Monat	Месец
Montag	Понеделник
November	Ноември
Oktober	Октомври
Samstag	Събота
September	Септември
Sonntag	Неделя
Woche	Седмица

Tanzen
Танцувай

Akademie	Академия
Anmut	Благодат
Ausdrucksvoll	Изразителен
Bewegung	Движение
Choreographie	Хореография
Emotion	Емоция
Freudig	Радостен
Haltung	Поза
Klassisch	Класически
Körper	Тяло
Kultur	Култура
Kulturell	Културен
Kunst	Изкуство
Musik	Музика
Partner	Партньор
Probe	Репетиция
Rhythmus	Ритъм
Traditionell	Традиционен
Visuell	Визуален

Technologie
Технологии

Anzeige	Дисплей
Bildschirm	Екран
Blog	Блог
Browser	Браузър
Bytes	Байтове
Computer	Компютър
Cursor	Курсор
Datei	Файл
Daten	Данни
Digital	Цифров
Forschung	Изследване
Internet	Интернет
Kamera	Камера
Nachricht	Съобщение
Schriftart	Шрифт
Sicherheit	Сигурност
Software	Софтуер
Statistik	Статистика
Virtuell	Виртуален
Virus	Вирус

Universum
Вселената

Asteroid	Астероид
Astronom	Астроном
Astronomie	Астрономия
Atmosphäre	Атмосфера
Äquator	Екватор
Breite	Ширина
Dunkelheit	Тъмнина
Galaxie	Галактика
Hemisphäre	Полукълбо
Himmel	Небе
Himmlisch	Небесен
Horizont	Хоризонт
Kosmisch	Космически
Längengrad	Дължина
Mond	Луна
Orbit	Орбита
Sichtbar	Видим
Sonnenwende	Слънцестоене
Teleskop	Телескоп
Tierkreis	Зодиак

Urlaub #2
Почивка #2

Ausländer	Чужденец
Ausländisch	Чуждестранен
Berge	Планини
Camping	Къмпинг
Flughafen	Летище
Hotel	Хотел
Insel	Остров
Karte	Карта
Meer	Море
Pass	Паспорт
Reise	Пътуване
Restaurant	Ресторант
Strand	Плаж
Taxi	Такси
Transport	Транспорт
Urlaub	Празник
Visum	Виза
Zelt	Палатка
Ziel	Дестинация
Zug	Влак

Vögel
Птици

Adler	Орел
Ei	Яйце
Ente	Патица
Eule	Бухал
Flamingo	Фламинго
Gans	Гъска
Huhn	Пиле
Krähe	Врана
Kuckuck	Кукувица
Möwe	Чайка
Papagei	Папагал
Pelikan	Пеликан
Pfau	Паун
Pinguin	Пингвин
Rabe	Гарван
Reiher	Чапла
Schwan	Лебед
Spatz	Врабче
Storch	Щъркел
Taube	Гълъб

Wandern
Туризъм

Berg	Планина
Camping	Къмпинг
Führer	Ръководства
Gipfel	Връх
Karte	Карта
Klima	Климат
Klippe	Скала
Müde	Уморен
Natur	Природа
Orientierung	Ориентация
Parks	Паркове
Schwer	Тежък
Sonne	Слънце
Steine	Камъни
Stiefel	Ботуши
Tiere	Животни
Vorbereitung	Подготовка
Wasser	Вода
Wetter	Време
Wild	Див

Wasser
Вода

Bewässerung	Напояване
Dampf	Пара
Dusche	Душ
Eis	Лед
Feucht	Влажна
Feuchtigkeit	Влага
Fluss	Река
Flut	Наводнение
Frost	Мраз
Geysir	Гейзер
Hurrikan	Ураган
Kanal	Канал
Monsun	Мусон
Ozean	Океан
Regen	Дъжд
Schnee	Сняг
See	Езеро
Verdunstung	Изпаряване
Wellen	Вълни

Wetter
Времето

Atmosphäre	Атмосфера
Blitz	Цип
Donner	Гръм
Dürre	Суша
Eis	Лед
Himmel	Небе
Hurrikan	Ураган
Klima	Климат
Monsun	Мусон
Nebel	Мъгла
Polar	Полярни
Regenbogen	Дъга
Ruhig	Спокоен
Sturm	Буря
Temperatur	Температура
Tornado	Торнадо
Trocken	Сух
Tropisch	Тропически
Wind	Вятър
Wolke	Облак

Wissenschaft
Наука

Atom	Атом
Chemisch	Химически
Daten	Данни
Evolution	Еволюция
Experiment	Експеримент
Fossil	Минерал
Hypothese	Хипотеза
Klima	Климат
Labor	Лаборатория
Methode	Метод
Mineralien	Минерали
Moleküle	Молекули
Natur	Природа
Organismus	Организъм
Partikel	Частици
Pflanzen	Растения
Physik	Физика
Schwerkraft	Гравитация
Tatsache	Факт
Wissenschaftler	Учен

Wissenschaftliche Disziplinen
Научни Дисциплини

Anatomie	Анатомия
Archäologie	Археология
Astronomie	Астрономия
Biochemie	Биохимия
Biologie	Биология
Botanik	Ботаника
Chemie	Химия
Geologie	Геология
Immunologie	Имунология
Kinesiologie	Кинезиология
Linguistik	Лингвистика
Mechanik	Механика
Mineralogie	Минералогия
Neurologie	Неврология
Ökologie	Екология
Physiologie	Физиология
Psychologie	Психология
Soziologie	Социология
Thermodynamik	Термодинамика
Zoologie	Зоология

Zahlen
Числа

Acht	Осем
Achtzehn	Осемнадесет
Dezimal	Десетичен
Drei	Три
Dreizehn	Тринадесет
Fünf	Пет
Fünfzehn	Петнадесет
Neun	Девет
Neunzehn	Деветнадесет
Null	Нула
Sechs	Шест
Sechzehn	Шестнадесет
Sieben	Седем
Siebzehn	Седемнадесет
Vier	Четири
Vierzehn	Четиринадесет
Zehn	Десет
Zwanzig	Двадесет
Zwei	Две
Zwölf	Дванадесет

Zeit
Време

Gestern	Вчера
Heute	Днес
Jahr	Година
Jahrhundert	Век
Jahrzehnt	Десетилетие
Jährlich	Годишен
Jetzt	Сега
Kalender	Календар
Minute	Минута
Mittag	Обяд
Monat	Месец
Morgen	Сутрин
Nach	След
Nacht	Нощ
Stunde	Час
Tag	Ден
Uhr	Часовник
Vor	Преди
Woche	Седмица
Zukunft	Бъдеще

Zirkus
Цирк

Affe	Маймуна
Akrobat	Акробат
Ballons	Балони
Clown	Клоун
Elefant	Слон
Fahrkarte	Билет
Jongleur	Жонгльор
Kostüm	Костюм
Löwe	Лъв
Magie	Магия
Musik	Музика
Parade	Парад
Tiere	Животни
Tiger	Тигър
Trick	Трик
Zauberer	Магьосник
Zelt	Палатка
Zuschauer	Зрител

Zu Füllen
Запълване

Becken	Басейн
Box	Кутия
Eimer	Кофа
Fass	Цев
Flasche	Шише
Kiste	Щайга
Koffer	Куфар
Korb	Кошница
Krug	Буркан
Mappe	Папка
Paket	Пакет
Rohr	Тръба
Schiff	Кораб
Schublade	Чекмедже
Tablett	Тава
Tasche	Джоб
Umschlag	Плик
Vase	Ваза
Wanne	Вана

Gratuliere

Sie haben es geschafft !!

Wir hoffen, dass euch dieses Buch genauso viel Spaß gemacht hat wie uns dessen Herstellung. Wir tun unser Bestes, um qualitativ hochwertige Spiele zu erfinden. Diese Rätsel sind auf eine clevere Art und Weise entworfen, damit sie aktiv lernen und daran Vergnügen finden.

Hat ihnen das Buch gefallen ?

Eine einfache Bitte

Unsere Bücher existieren dank der Rezensionen, die sie veröffentlichen. Können sie uns helfen indem sie jetzt eine Meinung hinterlassen ?

Hier ist ein kurzer Link, der Sie zu ihrer Bewertungsseite führt

 BestBooksActivity.com/Rezension50

MONSTER HERAUSFÖRDERUNGEN !

Herausförderung 1

Bereit für ihr Bonusspiel? Wir verwenden sie ständig, aber sie sind nicht einfach zu finden. Es sind die Synonyme !

Notieren sie 5 Wörter, die sie in den untenstehenden Rätseln (Nummer 21, 36 und 76) entdeckt haben und versuchen sie für jedes Wort 2 Synonyme zu finden .

Notieren sie 5 Wörter aus **Rätsel 21**

Wörter	Synonym 1	Synonym 2

Notieren sie 5 Wörter aus **Rätsel 36**

Wörter	Synonym 1	Synonym 2

Notieren sie 5 Wörter aus **Rätsel 76**

Wörter	Synonym 1	Synonym 2

Herausförderung 2

Jetzt, wo sie warm sind, notieren sie 5 Wörter, die sie in jedem der untenaufgeführten Rätseln entdeckt haben (Nummer 9, 17 und 25) und versuchen sie für jedes Wort 2 Antonyme zu finden. Wie viele davon können sie binnen 20 Minuten finden ?

Notieren sie 5 Wörter aus **Rätsel 9**

Wörter	Antonym 1	Antonym 2

Notieren sie 5 Wörter aus **Rätsel 17**

Wörter	Antonym 1	Antonym 2

Notieren sie 5 Wörter aus **Rätsel 25**

Wörter	Antonym 1	Antonym 2

Herausförderung 3

Wunderbar, diese Monster Herausförderung 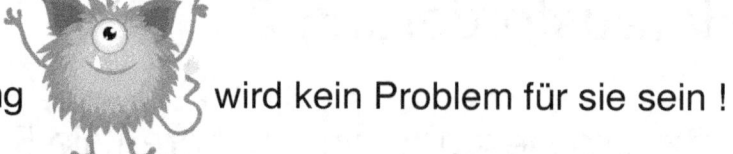 wird kein Problem für sie sein !

Bereit für die letzte Herausförderung? Wählen sie ihre 10 Lieblingswörter aus, die sie in einem Rätsel entdeckt haben und notieren sie sie unten.

1.	6.
2.	7.
3.	8.
4.	9.
5.	10.

Die Aufgabe besteht nun darin mit diesen Wörtern und in maximal sechs Sätzen einen Text herzustellen über eine Person, ein Tier oder ein Ort den sie lieben !

Tipp : sie können die letzten leeren Seiten dieses Buches als Entwurf verwenden

Ihr Schreiben :

NOTIZBUCH :

AUF BALDIGES WIEDERSEHEN !

Linguas Classics

9 798889 670057 9